Esther Kaufmann / Meinulf Blechschmidt

Vater unser im Himmel

Exerzitien im Alltag

Glaubensweg

Lebensweg

Gestaltung der Gruppentreffen
Einführungen in die Wochen

RPA Verlag

Umschlagbild: Heinrich Müller

Bilder: Christel Holl (Batik), Sr. Irmlinde Lang (Christusikone), Regina Schmidt (Sämann, Ölberg)

Satz: Meinulf Blechschmidt

Druck und Bindung: Druckerei Jugendwerk Birkeneck

Inhalt

Zum Weg der Exerzitien

Der Anfang des Gebetes

Der Meister versammelt seine Jünger und fragt sie: „Wo ist der Anfang des Gebetes?“

Der erste antwortet: „In der Not. Denn wenn ich Not empfinde, dann wende ich mich wie von selbst an Gott.“

Der zweite antwortet: „Im Jubel. Denn wenn ich jubele, dann hebt sich mir die Seele aus dem engen Gehäuse meiner Ängste und Sorgen und schwingt sich auf zu Gott.“

Der dritte: „In der Stille. Denn wenn alles in mir schweigend geworden ist, dann kann Gott sprechen.“

Der vierte: „Im Stammeln des Kindes. Denn erst wenn ich wieder werde wie ein Kind, wenn ich mich nicht schäme vor Gott zu stammeln, ist er ganz groß und bin ich ganz klein, und dann ist alles gut.“

Der Meister antwortet: „Ihr habt alle gut geantwortet. Aber es gibt noch einen Anfang, und der ist früher als alle jene, die ihr genannt habt. Das Gebet fängt an bei Gott. Er fängt an, nicht wir.“

(Klaus Hemmerle, Dein Herz an Gottes Ohr, 25)

Anfang des Gebetes?
Was würden wir dem Meister antworten? Wem zustimmen? Wo fingen wir an? Vielleicht wechseln die Anfänge des Gebetes, die Zugänge zu Gott in Laufe der Jahre und Lebenssituationen.

Exerzitien – *„Einübungen"* in die Begegnung und das Leben mit Gott wissen um die vielfältigen Anfänge, wie wir aufbrachen, aufbrechen oder aufbrechen wollen, und suchen doch letztlich den *einen* Anfang, das Eine: *Gott fängt an. Ich will Gott mit mir anfangen lassen.*

Manchmal möchten wir Anfänge zurücklassen und sagen: Sie sind überholt, wir sind schon weiter, die Anfänge waren klein und stümperhaft, lächerliche Gehversuche; manchmal sehnen wir uns zurück nach dem Anfang und denken: Dort war alles noch neu und voll Überraschungen, so ursprünglich, klar, faszinierend und voller Kraft. Unsere Gottesbegegnung, unser Leben als Christ – ist es abgestumpft, langweilig, flach, ausgetrocknet? Waren die Anfänge tiefer? Oder umgekehrt, waren die ersten Schritte nur Mitläufertum und werden endlich fest und eigenständig?

Gott fängt an. Er hat angefangen. Auf dem Weg der Exerzitien gehen wir weder zum schönen, großen noch zum kleinen, schwachen Anfang zurück. Gott fängt an, das tut er immer und jetzt.

Die genannten verschiedenen Lebenserfahrungen, Motivationen, Haltungen, um im Gebet anzufangen, zu Gott aufzubrechen, werden immer wieder in den Blick kommen, weil wir, so gut wir es vermögen, unser ganzes Leben und seine Gründe vor Gott anschauen, um Gottes treue Gegenwart zu erfassen: Gott fängt an. Er ist da.

Die Sehnsucht nach *Orientierung* des Lebens und die Suche nach einem authentischen *Leben als Christ*, der Wunsch, endlich einmal anzufangen, es ganz ernst zu nehmen, aus dem Vielerlei heraus in die Mitte zu finden – diese Sehnsucht soll sich klären dürfen. Ist sie nicht die suchende Antwort auf Gottes Ruf, der mit mir angefangen hat?

In der Gegenwart Gottes

Der Weg der Einübungen hat ein Ziel, das einem erfahrbaren Unbehagen entspricht, wofür es viele Worte gibt: Es geht so nicht weiter; das kann es doch nicht sein; wirklich Christ sein; hellhörig werden für den Auftrag des Tages; Christus nachfolgen; in ihm sein; vor Gott leben; sein Wille soll in mir geschehen;.... Alles in allem wird das Ziel die Begegnung mit Gott sein. Wie und wann er mich anspricht, was er mir schenkt, das liegt *bei ihm*. So ist das Ziel zuerst nicht mehr als eine große *Offenheit für Gott*. Das aber ist „alles". Ich will staunen lernen, dass ER anfängt, dass ER da ist.

Dieser Weg hat wenigstens fünf wichtige Perspektiven:

- Dein Angesicht, Herr, will ich suchen. *Ich* bin da.
- *Du* bist da.
- Ich schaue das *eigene Leben* an.
- Im Vertrauen auf ihn schaue ich es *vor Gott* an:
  So (!) trage ich es, stelle *mich* selbst *vor ihn* hin.
- GOTT, sprich *du mir zu Herzen* – wenn du willst!

1. Dein Angesicht, Herr, will ich suchen. Ich bin da.

Alltag

Wenn wir fragen: Wo ist Gott *in meinem Leben*? oder: Bist du wirklich da?, dann denken wir zuerst an unseren *Alltag*. Das ist unser Leben, mal bunt, mal eintönig, gefordert, verpflichtet, langweilig und.... Alle geistliche Erfahrung sagt, dass wir uns, wenn wir Gott suchen, zuerst vom gewöhnlichen Leben, das wir gestalten, das uns bestimmt und gefangen hält, trennen und die Stille suchen müssen, um *ihn* zu finden, der anders ist als alles. Gott ist nicht einer unter allem. Er ist der Erste und der Einzige.

Wüste

Darum müssen wir in die Wüste: Einsamkeit und Stille, zurückgeworfen auf das Wesentliche, bei uns selbst ankommen. Ohne Wüste werden wir *Gott allein* nicht finden. Die ernsten Fragen, was uns treibt, ruft, bewegt, was wichtig ist, worauf es ankommt, haben im Getriebe des Alltags keinen Raum. Wir brauchen Stille, ausgegrenzte Zeit, Wüste im Schweigen und „Nichtstun", damit jene Fragen da sein können und Gott ankommen kann. Diese Entscheidung zur Wüste ist Anfang der Offenheit und des armen Daseins: *Ich bin da vor dir, mein Gott.*

Zu-wendung und Ab-wendung

Dabei müssen wir gegebene Grenzen ehrlich erkennen und nicht das Unmögliche versuchen. Gott wird einen Weg zu mir finden, wenn ich nur mich ihm *hoffend zuwende*. Diese ***Zu***-wendung heißt meistens: Ich muss mich von etwas anderem ***ab***-wenden, konkret. Es wäre völlig falsch, zu dem, was ich schon tue, jetzt *noch etwas mehr* zu tun, auch noch Exerzitien im Alltag. Nein, etwas wegtun, weglassen, um leer und offen zu werden und Neues mir schenken zu lassen, „zu gewinnen"!

Raum und Zeit – mein Frei-Raum und Da-sein

Es bedarf der Klugheit und Umsicht, die richtige Zeit und den rechten Raum zu wählen, wo ich *„für Gott Zeit"* haben will und kann.

- *Wo* will ich mich einfinden?
  Ich richte mir einen Platz, z. B. mit Bild, Kreuz, Kerze, Gotteslob, Bibel .... Ich schaffe eine erste, dauerhafte Orientierung.

Das ist mein Frei-Raum. Ich werde in Zukunft keine Zeit damit verlieren und mich nicht selbst durch den Zwang behindern, erst „alles" aufräumen zu müssen, ehe ich anfangen kann.

- *Wann* will ich mich einfinden?
  Wie lange? Auch das lege ich fest.
  Kann ich ehrlich einen Zeitplan festlegen: Wann ist eine günstige Zeit zu Stille und Gebet? Wenn ich von vornherein Unmögliches plane, werde ich die Zeit der Exerzitien nicht durchhalten und sagen: *Nichts für mich!* Dabei habe ich nur Unmögliches gewollt.

Die Dauer der täglichen *Einübung* sollte ca. 20 bis 30 Minuten sein. Ich setze sie für mich fest, damit ich nicht von meinem Erfolgs-Gefühl abhängig bin. Wenn es gut geht, verweile ich jetzt nicht länger, wenn es das nächste Mal trocken ist, kürze ich nicht schnell ab. Ich versuche treu zu sein.

Es ist ein längerer Weg, neue Frei-Räume der Freundschaft mit Gott zu entdecken. Zur schlimmsten Versuchung gegen eine Freundschaft gehört der Versuch: „Ich mache noch schnell...." Der Tod der verweilenden Liebe, wenn ich immer „noch schnell" etwas erledige.

Sich einfinden und sich selbst ordnen

Da wir leibhaft leben, beginnen wir die Einübung auch damit, uns leibhaft einzufinden, eine wache Haltung einzunehmen, offen und frei, weder verkrampft und verbogen, noch lässig und kraftlos. Da wir oft hin und hergerissen, anderswo und keineswegs da sind, nehmen wir *Beziehung* zu *diesem* Ort auf, wo wir uns *jetzt* einfinden, zum Stuhl, zum Boden, der uns trägt, zu einem Zeichen oder Bild.... Im Leib bereiten wir uns, jetzt und hier ganz vor Gott da zu sein.

Durch Ordnung frei werden

Wenn ich eine solche Ordnung schaffe, kann ich frei werden von meiner Lust und Laune. Ich bin frei, weil ich nicht immer neu suchen und abwägen muss, wann, wo und wie ich etwas tue.
Ich werde frei für Gott und sein Wirken.

2. Du bist da

Wenn ich mich einfinde, will ich nicht um mich kreisen, sondern ich will da sein, um *Beziehung* aufzunehmen. Ich tue es im Glauben, dass Gott da ist. So bete ich auf ihn hin: *„Dein Angesicht, Herr, will ich suchen“* (Ps 27,8) oder: *„Gott, du kennst mich. Dir ist nichts verborgen“* (Ps 139). Wir dürfen freilich die Sicherheit der Zusage Gottes, dass er uns kennt und da ist, nicht verwechseln mit einem Gefühl von seiner Nähe. Vielleicht wird es uns geschenkt – wenn und wann und wie ER will.

3. Ich schaue das eigene Leben an

Weil ich Gott begegnen will, er in meinem Leben Raum haben soll, schaue ich mein Leben an. Ich suche weder nur die besten noch nur die schlechten Seiten. Ich – das ist ja eine Person mit Geschichte, mit Eindrücken, Erlebnissen, Schuld, Freude, Kraft, Versagen, Hoffnung....

4. Ich schaue es vor Gott an: Eröffnung und Gottes Wort

- Ich bereite Herz und Wille für die Begegnung vor durch ein (freies) Gebet *im Vertrauen*, dass Gott selbst schon am Werk ist, wenn ich mich vielleicht auch nur mühsam auf den Weg mache.
- Ich schaue *mein Leben* an, sonst werde ich es ihm vorenthalten und er wird an meinem Leben vorbeisprechen.
- Ich schaue auf *Jesus Christus* und höre IHN, das WORT Gottes für mich heute, sonst rede nur ich selbst mir zu. Ich verweile bei ihm.
- Ich frage, wie SEIN Wort in mein Leben spricht,
  wie mein Leben ihm ent-spricht.

5. Gott, sprich du mir zu Herzen!

Alle Schritte zur Begegnung sind noch nicht die Begegnung selbst. Es ist die Schwelle zu überschreiten von der Rede *über* Gott zum Reden *mit* ihm: *Du, mein Gott!*, vom Bedenken, was er sagt, dahin, dass er mich anspricht, von meinem Reden zum Schweigen, dass *ER* reden kann und sein Wort sagt, das mich „anrührt“, heilt und führt. Er aber wird reden, wann er will.

Wahrheit und Liebe

Was also ist gefordert? Das eigene Leben ins Spiel und Gespräch zu bringen in Wahrhaftigkeit, Offenheit, Geduld, Ehrfurcht und Treue. Ich will dem Handeln Gottes und seinem Wort nicht vorgreifen, indem ich will, *dass etwas dabei herauskommt*, sondern ich *halte mich bereit* für die Begegnung mit Gott. Die Liebe ist die Sehnsucht nach Gott, nicht der Besitz, die nur größer wird, wenn Gott spricht. Wenn wir allein nach dem fragen würden, was herauskommt, was besser wird, wären wir wie Eheleute, die einander gut genug sind, ein Haus zu bauen, es aber nicht bewohnen, die ein Haus ansehnlich einrichten, aber nie sagen: Das Schönste darin bist Du.

Wir sind auf dem langen Weg, Gott unser Herz Schritt für Schritt zu öffnen, die innerste Kammer, den Grund unseres Lebens, wo wir einzigartig wir selbst sind, weil Gott uns sagt: *Du, mein Kind!*

Wir versuchen Gottes heilsames, machtvolles Wort zu „erhorchen“. Wir leisten kein Programm ab, um unser Leben zu meistern, sondern lernen vor Gott zu *verweilen* und seiner Liebe im Dasein und dann im Tun zu antworten.

Dank

Ich danke Gott für alles, was er mir wie auch immer geschenkt hat. Wenn ich eine Freude empfinde, eine Einsicht habe, einen Auftrag wahrnehme, dann ist es gut, Gott ausdrücklich darum zu bitten, dass ich daraus oder dafür lebe.

Die Handreichungen für den Weg: das Evangelium

Diese Handreichungen möchten helfen, zur Mitte, zum Gespräch und Leben mit Gott zu finden. Im *Gebet des Herrn, dem Vaterunser,* dürfen wir den Reichtum Gottes, unseres Vaters, entdecken, sein Herz, sein Leben und unser Leben in ihm. Dieses Gebet, die Bitten des Vaterunsers werden uns erschlossen durch das *Evangelium, d. h. in Christus selbst.* Er allein kennt den Vater, er ist das offenbare Wort Gottes. Wir werden also in das Leben Christi schauen.

Dieses WORT Gottes selbst ist das Brot zum Leben. Dies zu hören und zu „schauen", darüber zu staunen, bei ihm zu verweilen ist der Anfang der Gottesbegegnung. Langsam sollen wir uns ihm nähern, anfangen, es zu „verkosten". Nicht die Belehrung von außen, der Impuls zum Handeln ist es, der uns christlich leben lässt, die Wurzel ist anders: mit Christus vertraut werden, der uns anspricht, ruft, der *uns zu sich* führt und uns heilt, der uns trägt und dann – auch senden will.

Sein Wort, nicht unser enges Leben, sein Leben, nicht unser Tun und Versagen ist das Maß der Begegnung mit ihm und dem Vater. Angesichts unseres Lebens bleibt das Wort Gottes, das Evangelium so oft verschlossen und fern. Darum haben wir versucht, Worte des Evangeliums zu entfalten. Wer sich auf den Weg dieser Einübungen macht, ist eingeladen, diese Worte, Christus, anzuschauen, dem Leben und Wort Jesu Raum in sich zu geben, bis es Nahrung wird, um daraus zu leben.

Wer diese Hilfe zur Hand nimmt, wird, so hoffen wir, selbst für sich das finden und auswählen, was ihn in seine persönliche Begegnung mit Gott führt. Christus selbst ist der Lehrer des Glaubens, er ist der Weg, die Wahrheit, das Leben. Darum ist ein persönlicher Umgang mit den Vorlagen geboten.

Grundschritte
Der Weg in Jesus Christus

Die Einübungen kreisen nicht um vielerlei, der Glaube ist zuletzt „einfach“. Auch unser Thema, das Gebet VATER UNSER, lässt das Ganze des Glaubens aufleuchten. Die verschiedenen Schritte werden sich auf einem ganzheitlichen Weg durchdringen, keiner wird einmal ganz zurückgelassen, sondern verwandelt wiederkehren.

1. Gott ist mein Schöpfer

Die Grundwirklichkeit meines Lebens. Ich bin, weil Gott mich liebt, weil er mein Gott ist und mein Leben trägt. Darum will ich mich auf den Weg machen und vor ihm leben. Ihm gelten Lob und Anbetung. Das schlichte, kindlich vertrauende Dasein werde ich in jeder Einübung vollziehen müssen. Die Zuwendung Gottes, des Vaters, hat ihre Gestalt, durch den Sohn Jesus Christus und in ihm hat mein Leben Bestand. Und in ihm schaue ich den Vater.

2. Entfremdung

Die Beziehung zu Gott ist gestört, sowohl durch die eigene Schuld, als auch durch das Geflecht der Sünde vor mir und um mich. Abwendung von Gott. Gott ist fern. Ich trage auch fremde Schuld in meinem Leben aus. Bei allem Dank schaue ich mein Leben wahrhaftig an und entdecke meine Sünde. Ich bin Geschöpf und Eigentum Gottes und doch gebrochen, verletzt, fern. *Ich bin nicht mehr wert, dein Kind zu heißen.*

3. Gott schenkt die Versöhnung durch Jesus Christus

Das Herzstück unseres geistlichen Weges ist der Blick auf Jesus Christus, den uns der Vater *gesandt hat, nicht um die Welt zu richten, sondern sie zu retten. Wer an ihn glaubt, wird gerettet werden.*

Die Erlösung durch Jesus Christus hat viele Erfahrungen, Ausdrücke, Bilder, Begriffe. Wird je eines genügen? Wie immer die Erfahrungen sein mögen, es wird vor allem eine Erfahrung einzuüben sein: Erlösung wird uns geschenkt; sie ist Begegnung, Lebensgemeinschaft mit Gott, die weder Leistung noch Belohnung ist, aber letzte Berufung. Darum bleiben Lobpreis und Dank Grund des Glaubens und der Liebe.

4. Mit Christus gehen

Die Christusbegegnung ist Aufruf zur Nachfolge; Nachfolge ist die Antwort der Liebe, die persönlich und einzigartig ist und im Alltag geschehen muss. Christus ruft jeden auf:

Erwähle mich,
damit ich dein Leben heiligen,
erfüllen und vollenden kann!

In den Einübungen der Exerzitien ist es darum wichtig, sich zu fragen:

Was hat mir der Herr heute geschenkt?
Ein Wort? Einsicht?
Nähe? Anrührung? „Trost"?

Wie antworte ich mit meinem Leben?
Welcher „Vorsatz" als Antwort meines Lebens
entspricht dem, was Christus mir schenkt?

5. Kreuz und Auferstehung

Auf dem Weg der Nachfolge betrachten wir das Kreuz, schauen die Vollendung der Liebe Christi. Es ist die Offenbarung der „Torheit Gottes“: So sehr hat Gott die Welt, mich, geliebt!

An Kreuz und Auferstehung werden wir uns immer wieder reiben und stoßen. *Seine* Liebe, die er uns als Gebot und Vermächtnis aufträgt, ist das Herz der Einübungen, der Exerzitien, die alles durchdringt, denn sie ist das Geheimnis, das *von ewigen Zeiten her in Gott verborgen war und nun offenbar geworden ist.*

Werden wir uns von der Liebe Christi bis zum Kreuz und durch seine Auferstehung zur Liebe befreien lassen,
frei, um ihn über alles zu lieben,
frei, um ihm nachzufolgen,
frei, um von ihm uns senden zu lassen
zum Segen
zur Erlösung der Welt?

Wir gehen allein und in der Gruppe

Die Exerzitien im Alltag geht jeder für sich. Es ist ein persönlicher Weg mit Jesus Christus im Geiste Gottes. Doch im selben Geiste getauft, gehören wir auch zusammen, sind füreinander da. Die Gruppe hat darum auch einen geistlichen und kirchlichen Aspekt.

Einmal in der Woche treffen sich alle, um in festen kleinen Gruppen sich geistlich auszutauschen und danach eine neue Woche thematisch mit einer Gestaltung zu beginnen.

Im Geiste Gottes beginnen

Beim Gespräch und Austausch geht es nicht um Rechenschaft über die Woche, sondern um ein Stück gemeinsamen Weges im *Mit-teilen* und *Teil-nehmen.* Ein kurzes Gebet eröffnet die Runde, wir verharren ein, zwei Minuten im Schweigen, um Herz und Gedanken zu ordnen.

Vertrauen und Schweigen

Alle müssen einander Vorschuss an Vertrauen schenken, damit sie offen und frei reden können. Verschwiegenheit nach außen schützt den Herzensbereich, den jeder nur selbst frei erschließen kann.

Rückblick

Wir versuchen uns reihum auszutauschen. Das Gesagte hat Platz.
Was ist mir wichtig geworden? Welches Wort, welche Frage?
Positives und Negatives darf gesagt werden, gute Erfahrungen, Dürre, Fragen, Enttäuschungen.

Gute Erfahrungen sollen nicht dazu führen, dass schlechte Erfahrungen verschwiegen werden; schlechte sollen nicht zum allgemeinen Jammern führen. Wahrhaftigkeit eröffnet Gott einen Weg zu unserem Herzen, damit er reden kann.

Gott spricht leise

Wir teilen die leisen Erfahrungen mit Gott mit, suchen nicht das Besondere, bauschen nichts auf, dass wir nicht „geistlich stolz“ werden. Wir reden *im Glauben*, d. h. wir glauben, dass Gott mit jedem Menschen in unserem Kreis etwas vorhaben kann, sich ihm mitteilen möchte.

Schweigen

Was gesagt wird, ist wichtig. Ein Wort soll nicht das andere totschlagen. Pausen und Schweigen sind auszuhalten.

Gespräch: miteinander auf dem Weg

Nach der Mitteilung soll das Gespräch Platz haben, in dem nachgefragt, erläutert, weitergedacht wird. Ein Schriftwort kann uns ja auch verschlossen sein und sich erst langsam eröffnen.
Entscheidend wird die Frage sein: Was will Gott in unserem Leben, in meinem Leben wirken? Wie will er mein, unser Leben führen?

Nicht Besserwisserei, sondern immer soll die Absicht uns leiten, den anderen etwas Eigenes – sowohl Erfahrungen als auch Fragen – zu erschließen.

Vielleicht entdecken wir auch: Ich habe Ähnliches erfahren. Durch den Hinweis anderer kann ich meine eigene Erfahrung besser verstehen. Wir können einander wirklich Helfer im Glauben, in der Begegnung mit Gott werden, sogar ein Gespür für Gottes Wirken erschließen.

Dankbarkeit

Was gesagt, gefragt und mit-geteilt wird, soll Grund sein, um *Gott zu danken.*
Wenn wir Schweres hören, Nöte, Verletzungen, dann ist das nicht dazu da, um es nach draußen weiterzuerzählen, sondern um es im *Gebet füreinander vor Gott* zu tragen. Gott allein ist es, der heilt und trägt.

Vorbereitung

Wir bereiten die Austauschrunde vor allem gut vor, wenn wir uns selbst jeweils am letzten Tag der Woche vor der Begegnung fragen:

- Mir wurde eine Woche Zeit geschenkt. Ist etwas neu geworden?
- Wo bin ich hängen geblieben, gestolpert?
- Bahnt sich etwas an, das aufbrechen will?
- Sehe ich etwas neu?
- Was wird mir wichtig für meinen Alltag?
- Rückt Gott mehr in die Mitte?
- Gibt es ein Leben mit Gott? Wie sieht das aus?
- Welche Kleinigkeiten kann ich wahrnehmen und nennen?

Diese Fragen könnten auch Impulsfragen für die Austauschrunde sein, bezogen auf die einzelnen Themen der Woche.

Das Gebet der liebenden Aufmerksamkeit
(Reflexion)

Am Abend 10 Minuten Erinnerung und Prüfung im Gebet vor Gott.

* Ich will den Tag ***vor Gott*** beenden und bitte um seinen Hl. Geist.
* Kann ich für etwas danken?
  - Einsicht
  - Trost
  - Hoffnung
* Ich sehe auch dorthin, wo
  - Misstrauen
  - Enttäuschung
  - Angst
  - Fehler, Sünde war.
* Wie bin ich umgegangen
  - mit Gott
  - mit dem Nächsten
  - mit mir selbst?
* Muss ich jemand um *Vergebung bitten*?
  - Ist in mir Reue und Umkehr?
  - Weicht die Selbst-sucht, alles nochmals klarzustellen?
* Muss ich jemandem *vergeben*?
  - Vielleicht in einer lang zurückliegenden Sache?
  - Reift in meinem Herzen die Versöhnung, versöhnliches Denken?
* Kann ich einen Vorsatz fassen?
* Ich darf um Kraft für morgen bitten.

Mit allem versuche ich, mich ***an Gott*** zu wenden, ***vor ihm*** da zu sein.

Ich weiß mich mit den anderen meiner Gruppe verbunden und bete auch für sie.

Die Schwelle

„Meister", fragen die Jünger, „du sagst uns: Beten ist ein Weg. Welcher Schritt auf diesem Weg ist der wichtigste?"

„Der Schritt über die Schwelle", antwortet der Meister.

Sie fragen zurück: „Was ist das für ein Schritt, und wie geht er?"

Der Meister sagt: „Oftmals stolpern wir ins Gebet hinein. Wir finden uns mitten drinnen – und haben gar nicht angefangen. Oder wir bemerken es gar erst im nachhinein: Ich habe ja beten wollen, und die Worte sind durch mich hindurchgeronnen wie Wasser durch ein Rohr. Wenn ihr zu beten anfangt, dann gilt es einen Schritt über eure Müdigkeit, Zerstreuung, Spannung hinwegzutun und *ihm* zu sagen: *Siehe, da bin ich!*

Das ist aber nicht das Ganze. Der Schritt über die Schwelle ist nicht nur euer Schritt, es ist der Schritt Gottes.
Im Beten kommt Gott selber über die Schwelle.
Schaut aus nach ihm, sucht ihn, erwartet ihn.
Dann wird auch *er* euch sagen: *Siehe, da bin ich!*"

Die Jünger halten nachdenklich inne. Der Meister blickt sie an: „Wenn beim Gebet nichts anderes als dieser Schritt über die Schwelle geschieht, dann ist es schon gut.
Anfangen zu beten heißt schon: gut beten.
Aber hört nie mit dem Beten auf,
bevor es nicht angefangen hat!"

(Klaus Hemmerle, Dein Herz an Gottes Ohr, 26)

1. Woche

Vater unser im Himmel

Einführung in die erste Woche

Wenn es möglich ist, beginnt jede Versammlung mit Liedern, die der Gruppe und der Woche angemessen und leicht erlernbar sind.

Es werden allgemeine Hinweise zu den Exerzitien gegeben, vgl. die Einführung, z. B. zu diesen Gesichtspunkten:

- Ziel und Weg
- Methodische und geistliche Anmerkungen
  Auf dem Weg selbst werden wir auch Neues entdecken, das für den Weg wichtig ist. Es muss vorher nicht alles abgeklärt sein, sonst entsteht der Eindruck: Dann muss es ja klappen.
- Gott fängt an
  Suchen, Sehnsucht und Wagnis
  Erfolg und Dürre
  Gebet
- Wie gehe ich den Weg zu Hause?
  Zeitwahl, Dauer
  Ort
  Treue
- Bedeutung der Gruppen
  Art des Austausches
  hören und reden vor Gott
  Schweigen und Verschwiegenheit
- Gruppenbildung

Gott schuf den Menschen als sein Abbild

Vorbereitet sind

* Erde in zwei braune Tücher gehüllt,
* kleine Tonschalen für jeden Teilnehmer – wenn diese nicht vorher aufgefordert wurden, selbst eine eigene, kleine Tonschale mitzubringen,
* eine große Kerze (ca. 300/80 mm).

Wir schauen ERDE an

❍ **Alle sind im Stuhlkreis versammelt.
Die eingehüllte Erde wird in die Mitte des Kreises getragen.**

❍ **Nacheinander öffnen verschiedene Personen, was verborgen ist, indem sie jeweils eine Tuchecke aufdecken.**

Wir entdecken einen kleinen Haufen Erde.

❍ **Die Tücher, worauf die Erde liegt, werden rund geformt.**

Die Erde lässt uns an etwas denken (spontan).... Lebensbeziehungen, Erinnerungen werden wach, ... der Garten, Aussaat, Arbeit, ein Grab. Das Erste aber ist, dass die Erde in unserer Mitte still ist, genommen aus dem Garten, von der weiten Erde. Über sie gehen wir, darauf stehen auch unsere Häuser.

Eutonische Übung

❍ **Alle werden eingeladen, sich auf die Füße zu stellen, mit den Füßen auf der Erde zu stehen.**

Wir stehen auf den Füßen, von unten nach oben aufgerichtet. Bei geschlossenen Augen weiß ich um die Füße, die Rückseite der Beine, um Kreuzbein und Wirbelsäule bis zum Hals hinauf, am Hinterkopf gehe ich aufwärts bis zum Scheitel .... Ich bin da von den Füßen bis zum Scheitel ....

Ich wende mich meinen Füßen zu. Ich kann das Gewicht langsam auf einen Fuß verlagern, die Fußsohle wahrnehmen von der Ferse bis zu den Zehen, ...

danach langsam auf den anderen Fuß, Ferse, Zehen ....
Beide Füße tragen mich.

Von den Füßen kann ich aufwärts gehen, die Beine rückwärtig nach oben zum Hüftgelenk, ... das Becken mit dem Kreuzbein hängt gleichsam im Hüftgelenk. Von unten habe ich Halt .... und kann alle Spannung nach unten abgeben.

Ich stehe auf der Erde. Ich habe Stand .... Ich stehe mit anderen im Kreis auf derselben Erde .... – Ich stelle mich darauf ein, wieder Platz zu nehmen. – Wir nehmen Platz.

Der Stuhl steht auf derselben Erde wie meine Füße ....

Die Erde, das Selbstverständliche

Wir kennen die Erde: das Selbstverständlichste unseres Lebens. Schon als Kinder spielten wir mit der Erde.
Wir wandern, machen Urlaub, pflegen sie, bebauen sie, pflanzen in sie hinein und ernten, vergraben etwas und begraben die Toten in ihr. Wenn wir können, bauen wir ein Haus in die Erde.

Vielfältig also sind wir der Erde nah und mit ihr vertraut.

Wenn wir sie sprechen lassen, hören wir, dass sie in ihrer Art auch von uns redet, den Erdenbürgern:

- wir brauchen Boden unter den Füßen
- Heimatboden, wo wir verwurzelt sind
- sie empfängt, birgt und lässt wachsen wie ein Mutterschoß
- wir fragen: Wer gibt uns Halt?
- die Erfahrung der Dürre, ausgebrannt, ohne Frucht

Wer sind wir? Wer bin ich, dieser Erdenbürger mit solchen „erdnahen“ Erfahrungen? Staub und Erde?

○ **Kerze entzünden:**
Wir schauen und hören im Licht der Offenbarung Gottes.

Wir hören Gottes Wort: Gen 1, 1. 26f.

Im Anfang schuf Gott Himmel und Erde ....
Dann sprach Gott: Lasst uns Menschen machen als unser Abbild, uns ähnlich.
Sie sollen herrschen über die Fische des Meeres, über die Vögel des Himmels, über das Vieh, über die ganze Erde und über alle Kriechtiere auf dem Land.
Gott schuf also den Menschen als sein Abbild:
als Abbild Gottes schuf er ihn. Als Mann und Frau schuf er sie.

Gen 2, 4ff.

Zur Zeit, als Gott, der Herr, Erde und Himmel machte, gab es auf der Erde noch keine Feldsträucher, und es wuchsen noch keine Feldpflanzen, ... und es gab noch keinen Menschen, der den Ackerboden bestellte ....

Da formte Gott, der Herr, den Menschen aus Erde vom Ackerboden und blies in seine Nase den Lebensatem.
So wurde der Mensch zu einem lebendigen Wesen.

Dann legte Gott, der Herr, in Eden einen Garten an und setzte dorthin den Menschen, den er geformt hatte, ... damit er ihn bebaue und hüte.

Gottes Wort in unserem Leben

Zwei Abschnitte, die wir zusammen lesen. Verschiedene Herkunft, verschiedene Bilder und Erfahrungen mögen zugrunde liegen, sie öffnen uns aber einen gemeinsamen Blick für unser Leben, einen Blick auf uns, die wir die Exerzitien beginnen: „Wer bin ich?“

In der kommenden Zeit wird eine Sehnsucht Raum haben dürfen:
Ich will zu mir selbst kommen – aus dem Vielerlei, durch die Zerstreuungen und Zerrissenheiten hindurch in eine Mitte finden.

Was ist in der Mitte – wenn ich zu mir selbst komme?
Gedanken, Wünsche, Träume, Enttäuschungen ....?
Und wenn ich tiefer und tiefer oder näher und näher zur Mitte komme, dann beginne ich langsam zu unterscheiden: Das ist da, aber nicht so wichtig ....

Was ist und was bleibt dann in meiner Mitte?
Was ist der tiefste Grund meiner Existenz?

Vielleicht müssen viele Jahre ins Land gehen, damit ich immer tiefer entdecke,

- was mich prägt,
- was ich in mir trage,
- was plötzlich aus der Tiefe aufsteigt. Manchmal fürchten wir, viel Dunkles sei darin, Untiefen, Gefahren.

Einige Worte aus diesen Abschnitten werden uns in der Woche begleiten.

Lasst uns Menschen machen!

„Lasst uns", das klingt wie eine Selbsteinladung Gottes, eine Ermunterung und ein innerer Ratschluss. Die Kirchenväter sahen es als eine Anspielung auf den dreifaltigen Gott.
Gott hat bei sich beschlossen, dass ich sein soll.
Ich bin kein Zufall, kein Nebenprodukt der Weltgeschichte!

Wir kennen den wiederkehrenden Vers zum Wunderwerk der Schöpfung: „Gott sprach: Es werde.... und es ward."

Jetzt aber hören wir wie von einem Herzensratschluss Gottes: Lasst uns ....
Dieser ist der tiefste Grund meines Daseins.

Wenn ich zu mir selbst komme, in die Mitte und in die Stille, in die stille Mitte, dann darf ich dies hören:
Unter allen Enttäuschungen, Bosheiten, Verstellungen, Verletzungen, Irrwegen und Begierden,
vor allem Tun und Selbstgestalten meines Lebens,
ehe ich selbst mir Ansehen verschaffe,
vor all dem
will ER, GOTT, dass ich bin, vor ihm da bin und er mich anschauen kann.

Abbild Gottes

Worin könnte es bestehen? Was an uns ist göttlich, welche Eigenschaft, Fähigkeit? Wo sehen wir aus wie Gott?
Der Abstand von Schöpfer und Geschöpf ist unendlich groß. Die Versuchung, zu sagen: „Ich will sein wie Gott", ist tödlich. Dennoch heißt es: Abbild, uns ähnlich.

Der Mensch wird zum *Herrscher* über alle Tiere, über das Werk der Finger Gottes eingesetzt. Soll er sie unterdrücken, klein halten? Im Gegenteil, er soll tun, was Gott tut: im Leben bewahren, das Leben, hüten, pflegen.

Wer bin ich? Worin besteht meine Größe?
Göttliche Größe ist es: Leben weiterzuschenken, ins Leben zu begleiten, es zu hüten, zu bewahren.

Wie weit sind unsere Konkurrenzkämpfe im Lebenskampf, die Profilierungssüchte, Eitelkeit und Auftrumpfen von göttlicher Größe entfernt.

Von Erde genommen

Das Abbild Gottes ist und bleibt erdverbunden: von unten genommen, mit den Füßen auf der Erde,
dieser Garten ist uns anvertraut, von diesem Garten leben wir.

Er formte den Menschen und blies ihm seinen Odem ein

Doch von Gott bin ich geformt, ER legt Hand an mich.
Ich werde in der kommenden Zeit und ein Leben lang darüber nachsinnen müssen, es schauen, entdecken, wie Gott mich geformt hat und formt,
wie er mich von der Erde nimmt, aufrichtet und hinstellt,
mich über sie erhebt, in die Freiheit führt,
dass ich nicht an die Erde mich halte, sondern auf ihn ausgerichtet bin,
von dem ich den Atem atme.

Die Versuchung: realistisch, handfest bei der Erde zu bleiben oder sich aus der erdnahen Verantwortung wegzuträumen.

Geschöpf sein

Von Erde genommen, geformt, hingestellt: darin hören wir auch „*Grenzen*". Als Geschöpf, als geschaffener Mensch stelle ich fest: Ich habe eine Herkunft, ich bin abhängig, hörig, ich bin nicht ich selbst .... (In Folge der Sünde werden wir darunter leiden und unzufrieden sein. Doch diese Perspektive lassen wir im Moment außer Acht.)

Jetzt dürfen und sollen wir im Licht des Glaubens zuerst unsere Größe erkennen: von Gott geformt, hingestellt, aufgerichtet.
Durch alle Entfremdung hindurch ist das Geheimnis, der Grund unseres Lebens:
Ich bin *im Herzen Gottes* geboren, von ihm gerufen, geformt, aufgerichtet.

Deswegen geht es in meinem Leben nicht darum, mich gleichsam für mich zu erschaffen, etwas nach meinen Ideen aus mir zu machen, mich herzustellen, „mich zu produzieren", sondern darum,
meine einzigartige Antwort auf das Wirken Gottes zu finden.

Ich bin geformt (aus Psalm 139)

- **Die Schalen werden ausgeteilt**

Die kleine Schale passt gut in unsere (ineinander gelegten) Hände. Eine einfache Schale, nicht groß, nicht gewaltig, nicht Aufsehen erregend.
Sie ist groß genug, um unsere Hände offen zu halten.
Spüren wir unsere Hände an der Schale? Die offenen Hände tragen die offene Schale.
Die Schale sagt: Ich bin offen. Ich bin leer. Ich bin aus Ton geformt. Ich bin schön. Ich warte still. Fülle mich! .....

Die Schale kann uns auch zur Frage werden: Bin ich leer? Offen?
Wer hat mich geformt? Wer trägt mich? Wer hat Gefallen an mir?
Grundfragen des Menschen.

In einem alten Gebet spricht Gott gleichsam in unsere Fragen hinein, lässt uns ein Beter Worte des Vertrauens hören. Vielleicht haben sie Platz in unserer Schale.

Gott, du kennst mich,
ob ich sitze oder stehe,
du weißt von mir.

Ob ich gehe oder ruhe,
du bist vertraut mit all meinen Wegen.

Du umschließt mich von allen Seiten.
Zu wunderbar ist für mich dieses Wissen.

Ja, du hast mein Inneres geschaffen,
mich geformt im Schoß meiner Mutter.

Als ich geformt wurde im Dunkel,
war dir nichts davon verborgen.

Gott, du kennst mich.

– Stille –

Das Begleitheft für die Woche wird verteilt.

Alle beten gemeinsam aus Psalm 139, siehe Begleitheft, 2. Tag, S. 4.

2. Woche

Vater unser,

geheiligt werde dein Name

Einführung in die zweite Woche

Versammlung im Kreis

- **Eine große, runde, gelbe Decke liegt in der Mitte, darauf steht eine brennende Kerze.**

Lieder

Sich einfinden in Stille – eutonische Übung, z. B.

Wir sind von zu Hause aufgebrochen, haben uns auf den Weg gemacht, die anderen der Gruppe sind da, wir schauen im Kreis.... Wir sind um die helle Mitte versammelt. Was wird uns heute aufleuchten?

Wir haben unseren Stuhl. Wir nehmen ihn wahr .... Ich schaue nach innen. Die Füße nehmen Kontakt zum Boden auf .... Ich spüre die Lehne, weiß um meine Schulterblätter .... Schulter .... Ellenbogen .... Hand .... Kontakt zur Kleidung ....

Ich drehe meine Hände mit der Innenseite nach oben wie eine Schale .... Ich bin offen, bereit und warte .... Ich bin da.

Gebet

Herr, mein Gott, ich bin da.
Du kennst mich.

Wenn ich hier sitze, du weißt von mir.

Wo ich heute ging oder ruhte,
dir ist es bekannt.
Du bist vertraut mit all meinen Wegen ....

Herr, ich will in die Gruppe gehen,
hören und reden.

Noch liegt mir das Wort nicht auf der Zunge,
du kennst es bereits.

In diesem Vertrauen lass uns versammelt sein:
Jeder Mensch ist dir kostbar.
Lass uns erzählen von dir
und dem, was du mit uns tust. Amen.

Gruppengespräche über die vergangene Woche

Nach den Gruppengesprächen eventuell kurzer Austausch im Plenum.

Wenn es sich als notwendig zeigt, werden kurze, klare Hinweise auf den Gang der Exerzitien gegeben, z. B. an Grundregeln erinnert, ermutigt, dass weniger mehr sein kann, dass die Antwort auf die Dürre die Treue ist, etc.

Gott sagt: Ich bin da

Versammlung – Heiligen Raum

- **Große, runde, gelbe Decke liegt in der Mitte, ohne Kerze.**

Eine helle Mitte an diesem Abend – um die wir versammelt sind.
War in unseren Gruppen etwas hell? Gute Begegnung? Ermunterung?
Freude an Gott?

- **Mit Seilen wird ein Kreis um die Mitte gelegt, Abstand ca. 80 cm.**

Assoziationen: ein ausgegrenzter Bezirk, nicht leicht zugänglich.
Wie komme ich in die Mitte?
ich muss von fern stehen bleiben
besonderer Raum mit viel Licht, heiliger Raum
Sehnsucht nach einem solchen Raum, wo alles hell ist und „stimmt" ....

- **Braune Tücher werden in den Streifen zwischen der hellen Mitte und den Seilen zu einer Fläche ausgebreitet.**

- **Jemand aus dem Kreis geht über die braune Fläche in die helle Mitte.**

Dort wird die Mitte verinnert:
Ich stehe im Licht, in einem hellen Raum –
der Boden trägt mich – ich warte und höre.

- **Der Name wird leise gerufen.**

Drei bis vier andere Personen wiederholen diese Erfahrung.

- **Alle tragen nacheinander Lichter an den Rand der gelben Decke, indem jeder zugleich seinen Namen nennt: N., ich bin da!**

- **Lange Dornzweige - in eine große Schale voll Erde gesteckt - werden in die Mitte getragen.**

Wir hören Gottes Wort nach Ex 3, 1 - 14

Mose weidete die Schafe und Ziegen seines Schwiegervaters Jitro. Eines Tages trieb er das Vieh über die Steppe hinaus und kam zum Gottesberg Horeb. Dort erschien ihm der Engel des Herrn in einer Flamme, die aus einem Dornbusch emporschlug. Er schaute hin: Da brannte der Dornbusch und verbrannte doch nicht. Mose sagte: Ich will dorthin gehen und mir die außergewöhnliche Erscheinung ansehen. Warum verbrennt denn der Dornbusch nicht?

Als der Herr sah, dass Mose näher kam, um sich das anzusehen, rief Gott ihm aus dem Dornbusch zu: Mose, Mose! Er antwortete: Hier bin ich. Der Herr sagte: Komm nicht näher heran! Leg deine Schuhe ab; denn der Ort, wo du stehst, ist heiliger Boden.

Dann fuhr er fort: Ich bin der Gott deines Vaters, der Gott Abrahams, der Gott Isaaks und der Gott Jakobs. Da verhüllte Mose sein Gesicht; denn er fürchtete sich, Gott anzuschauen.

Der Herr sprach: Ich habe das Elend meines Volkes in Ägypten gesehen, und ihre laute Klage über ihre Antreiber habe ich gehört. Ich kenne ihr Leid. Ich bin herabgestiegen, um sie der Hand der Ägypter zu entreißen und in ein schönes, weites Land zu führen. ....

Mose sagte: (Meine Brüder in Ägypten) werden mich fragen: Wie heißt er denn, (der dir erschienen ist und dich zu uns gesandt hat)? Was soll ich ihnen sagen? Da antwortete Gott dem Mose: Ich bin der „ICH-BIN-DA“. Das ist mein Name für immer.

Gottes Wort in unserem Leben

Die Klage des Volkes

Wie ist dein Name? fragt Mose. Das ist keine theoretische Frage. Diese Frage hat eine lebendige Geschichte im Leid des Volkes Israel in Ägypten, im Sklavenhaus, im Haus des Elends.

Josef war vergessen, das Volk wurde vom Pharao unterdrückt, es ruft nach Erlösung, Befreiung: Hört Gott unser Klagen?

Mose selbst hatte mit seiner eigenen Faust versucht, Gerechtigkeit herzustellen und einen ägyptischen Aufseher erschlagen. Deswegen musste er fliehen und floh in die Wüste. Dort hütet er die Schafe.

Wo bist du Gott? In der Unterdrückung, in der Ohnmacht, in dem einfachen Dahinleben am Rande der Wüste - in der Bewegungslosigkeit, Eintönigkeit: Wo bist du Gott?

Die Gottesbegegnung

Hatte Mose inzwischen Gott vergessen, die Hoffnung fahren lassen? Grauer Alltag eines Nomaden?

Plötzlich das Brennen im Dornbusch: Wo du stehst, ist heiliger Boden. War das nicht der gewöhnliche Wüstensand, die karge Weidefläche der Schafe, der Sand um den Dornbusch, Gestrüpp der Wüste, das im wasserlosen Land noch gerade wachsen kann?
Heiliger Boden - mitten im Alltag!

Heiliger Boden, weil Gott sich zeigt.

Mose steht vor Gott.
Das lässt ihn nicht gleichgültig. Die erste Antwort drückt sich leibhaft aus: Er verhüllt sein Gesicht, verbirgt sich.
So tut es auch der Prophet Elija, als Gott im leisen Wind vorübergeht.

Heilige Orte verlangen „um Gottes willen“ ein besonderes Verhalten. Die Heiligkeit ist zuerst Ausgegrenztheit, nicht mehr Alltag: Es geht nicht mehr um Schaffen, Gewinnen, um die Befriedigung meiner Bedürfnisse.

Im Leben ver-wandelt sich etwas: Es öffnet sich ein Blick für das Ewige, für das, worauf es ankommt, das ich nicht mehr be- und verrechnen, nicht gebrauchen und zum Zweck machen kann.

Mose ist Gott zuge-wandt, der sich ihm zu-wendet; das ver-wandelt den Alltag.

Gott steigt herab in Wüste und Dornen

Der Heilige Bezirk und Boden ist ohne Gold und Marmor. Er ist Wüstensand und Dornen. Gott steigt herab zu den versklavten, ausgebeuteten Menschen.

Hat die Sklaverei heute bei uns andere Namen als Ziegelbrennen und Peitsche? Z. B. Maschinentakt, Effektivität, Konkurrenz, Mit-halten-Können, Modedruck, Ehrgeiz, Karriere, öffentliche Meinung, Das-ist-in, Das-muss-man-heute-haben, Alkohol, Genussmittel, ...

Worüber klage ich? Wo fühle ich mich ausgenutzt? Stehe ich unter „Druck“?

Ich kann mein Leid mit Gott ins Gespräch bringen: Gott, du kennst mich. Mitten im Alltag ist da eine Öffnung Gottes zu mir.

Ich bin der ICH BIN DA

Wie ist dein Name, Gott? Wer bist du? Wie zeigst du dich, dass wir dich erkennen und deinen Namen nennen können? Können wir sagen: DU?

Ich bin der ICH-BIN-DA

Dieser Name Gottes, hebräisch „Jahwe“, hat verschiedene Dimensionen:

1. der fraglos Seiende. Was fragst du mich nach meinem Namen?

2. Weil Gott später sagt: Ich bin mit dir, ich sende dich, weil Gott etwas wirken will, bedeutet es:
Ich bin da in eurer Mitte, ich bin mit euch und wirke.
Ich bin da wie ein Halt. Ich bin da wie ein Trost: du bist nicht allein.
Ich bin bei dir, denn ich kenne dich.
(Vgl. die Rede der Eltern zu den Kindern: Ich bin doch da!)

Jahwe, ICH-BIN-DA, das ist sein Name:
der ist heilig, unnahbar, uns entzogen, wie in einem ausgegrenzten Bezirk, unverfügbar,
der Heilige hat Vorrang vor allem anderen,
der Heilige ist unvergleichbar
und fordert darum auch Vertrauen und Gehorsam ein.

Wer sich dem Heiligen nähert, lässt sich von ihm erfassen

Das Heilige, der Heilige, wie ausgegrenzt und fern er als Heiliger sein mag, er ist doch zugleich unendlich nah. Er ist absoluter Anspruch an uns, an mich.
Ich kann ihn nicht auf sich beruhen lassen. Er fordert mein Jawort ein: Ja, der Heilige soll heilig sein! Für mich, für alle.

Auf Gottes Wort: „Ich bin da für euch“ soll das Volk ant-worten, es soll an jenem Ort anbeten. Mit dem Aufbruch zur Anbetung in der Wüste beginnt der Weg in das Gelobte Land.
Ist Gott mir Freude oder Last?

Immer noch steigt Gott zu uns herab

Solche Gottesbegegnung geschieht im grauen Alltag, aber sie ist nicht der Alltag. Kenne ich in meinem Alltag den ausgegrenzten Bezirk? Das ist der Anfang der *Freiheit für Gott*! Habe ich Freude an der Zeit für Gott? Nehme ich SEINE Zeiten auch wahr, z. B. Gottesdienst? Gott ergreift darin die Initiative und ist da, ich komme vor ihn und habe zu hören und ihm zu antworten.

Gebet

z. B. O Gott, ich bete dich an, GL 3, 1

oder

Gott,

ich will schweigen vor dir.
Du bist der Gott unserer Väter,
der Gott meiner Geschichte.
Mitten im Alltag, der da läuft,
in Wüste und Einerlei,
unter Last und in Dürre,
bist du da.

Du bist da für mich,
für uns,
für dein Volk –
du rufst es immer neu,
erwählst mich heute ,
gehst mit
und führst mich in die Weite.

Gott,

ich will schweigen vor dir
und mich niederbeugen.
Lass mich deine Gegenwart erkennen
und dich anbeten.

Gott, du bist da.

3. Woche

Vater unser im Himmel,

dein Reich komme!

Einführung in die dritte Woche

Versammlung

- Vor der Zusammenkunft ist in der Mitte des Raumes die Erde auf zwei ausgebreiteten Tüchern aufgedeckt, wie in der ersten Woche.

Lieder

Erinnerung an die Erde

wir sind heute einen Tag lang unterwegs gewesen
jetzt sind wir hier
wir sind wieder um die Erde versammelt

die Erde lag in der ersten Woche in der Mitte
sie ist still, ... sie trägt unsere Füße, sie trägt uns ....

Eutonie im Sitzen: Ich bin da ....
Der Atem geht ein und aus ....

Gebet, z. B. (langsam vorbeten)

Atme in mir, du Heiliger Geist, dass ich Heiliges denke.
Treibe mich, du Heiliger Geist, dass ich Heiliges tue.
Locke mich, du Heiliger Geist, dass ich Heiliges liebe.
Stärke mich, du Heiliger Geist, dass ich Heiliges hüte.
Hüte mich, du Heiliger Geist, dass ich es nimmer verliere.

(Augustinus)

Gruppengespräch über den Weg mit Gott in der vergangenen Woche

An die Aufgabe und Bedeutung des Gruppentreffens erinnern.
Es geht um den Austausch über die vergangene Woche:
Was hat mich angesprochen? Was habe ich erkannt?
Schwierigkeiten dürfen angesprochen werden, wir sollten aber nicht bei ihnen hängen bleiben.

Geistlich sprechen: Gottes Geist ist in uns am Werk.
Was hat mich angesprochen? Was habe ich von Gott erkannt?
Im Vertrauen, dass Gott mit jedem von uns etwas vorhat, hören und reden.
Bereit sein, dass kleine Anrührungen wichtig und kostbar sind.

Schweigen können.
Stille aushalten.

Ein Sämann ging aufs Feld

Vorzubereiten sind:

- Erde in zwei Tücher eingeschlagen
- 4 braune Tücher
- 2 Seile
- größerer Stein, andere faustgroße Steine
- Dornenzweige bis 30 cm lang
- Korn in einem Sack oder in einer Schale
- Strauß Ähren

Wir wenden uns der Erde zu

Wir schauen nochmals die Erde in unserer Mitte.
Sie liegt still da.
Im Gespräch sind wir miteinander unterwegs gewesen. Ein Gespräch ist wie eine kleine Wanderung zum anderen Menschen hin, mit ihm in sein Leben hinein, zusammen eine Lebenslandschaft entdecken, darüber staunen und danken, manchmal auch mittragen.

Was wir miteinander entdeckt haben, dürfen wir jetzt zurücklassen – wir kommen mit unseren Füßen wieder an
in diesem Raum .... auf diesem Boden .... (kurze Eutonie)

Heute Abend wollen wir weiter gehen, Wege über unsere Erde.

○ **4 braune Tücher werden ganz entfaltet und in Kreuzform an die Mitte angelegt.**

Wir gehen gleichsam in alle vier Himmelsrichtungen.
Wir beginnen auf einem Weg.

1. Weg – WEG

○ **Aus 2 Seilen wird ein Weg auf ein braunes Weg-Tuch gelegt.**

Wir gehen hinaus, verlassen unser Haus und unser Dorf. Wir suchen uns einen Feldweg, der durch die Felder führt. – Für diese Wanderung schließen wir die Augen, um ganz persönlich unseren Weg zu sehen.
Ein Feldweg, Gras, Steine, manche Löcher, an Feldern vorbei. Noch liegen

die Felder brach, ich kann die Erde sehen.
Ich bleibe stehen, schaue in die Weite. Vielleicht steigt über dem Feld Nebel auf. Wie sieht die Erde aus? .... Was kann ich in ihr entdecken? ....

2. Weg – STEIN

(Mögliche Erfahrungen der Erde nicht abfragen, aber einiges nennen.)

- **Ein dicker Stein wird auf ein Tuch gelegt.**

Auch das kann man auf dem Feld sehen, ein dicker Stein, hier sind es mehr, dort weniger, manchmal liegen sie auf Haufen am Feldrand.
Steine sind uns bekannt. Ein Stein wie viele andere, ein großer Kieselstein.
Wie ist dieser Stein? Hart, kalt, glatt, schwer ....
Etwas können wir von diesem Stein zeigen: Wir ballen die Fäuste, dass die Knöchel weiß werden. Der Stein ist hart.
Wir sagen, jemand sei „stein-hart".
Wir können uns noch ein wenig zusammenkauern, vom Fuß bis zum Scheitel und in die Hände – alles wird hart. Alle verweilen so einen Moment.

Wir richten uns wieder auf. Es tut gut, sich zu lösen, die Härte abfallen, abschütteln zu dürfen. Härte, Versteinerung lässt uns nicht leben!

- **Mehrere Steine in einem Korb werden bereitgestellt.**

Wir können die Steine auf dieses Stück Feld legen, dabei können wir sie sprechen lassen: z.B.

- Ich liege dir im Weg
- ich bin sehr alt
- das Wasser hat mich langsam rund gemacht
- du wirst über mich stolpern
- mit mir und vielen meiner Art kannst du Häuser bauen
- wo ich liege, wächst kein Gras mehr

3. Weg – DORNEN

- **Einige kürzere Dornenzweige werden auf ein 3. Tuch wie zu einem Gestrüpp hingelegt.**

Auf unserem Feld wächst auch dies, meist am Rand, wie eine Grenze zum Nachbarn: Dornen, die einmal schöne Rosen trugen, vielleicht wieder tragen werden. Sie verletzen uns, versperren den Weg, sie breiten sich aus, wuchern über das Feld und die Wiese und ersticken unter sich alles Kleine und zart Aufkeimende.

- Weitere Dornenzweige werden dazugelegt, Erfahrungen und Bedeutungen dabei ausgesprochen, z. B. spitze Worte sind wie Dornen, die Blicke der Kolleginnen tun mir manchmal richtig weh, ...

4. Weg – KORN

Da ist noch ein Stück Feld, an dem wir vorbeigehen können. Dort liegen keine Steine, es wuchern keine Dornen. Ist es vielleicht so – Gestik?

- Es werden die geöffneten Hände gezeigt, Handflächen nach oben.

Wie ist die Erde? Offen, bereit, sie wartet. Wir können in sie einsäen ....

- Ein großer Korb mit Körnern gefüllt wird auf das 4. Tuch gestellt.
- Einige fassen in die Körner, lassen sie durch die Hände rieseln. Alle schauen zu. Wie spricht uns das an? (Fülle, loslassen, Ernte, Brot, reich sein und loslassen müssen, besinnlich spielen, es geht ja nichts verloren ....).

Wir hören Gottes Wort, Mk 4, 3-8

Hört! Ein Sämann ging aufs Feld, um zu säen.
Als er säte, fiel ein Teil der Körner auf den Weg, und die Vögel kamen und fraßen sie.
Ein anderer Teil fiel auf felsigen Boden, wo es nur wenig Erde gab, und ging sofort auf, weil das Erdreich nicht tief war; als aber die Sonne hochstieg, wurde die Saat versengt und verdorrte, weil sie keine Wurzeln hatte.
Wieder ein anderer Teil fiel in die Dornen, und die Dornen wuchsen und erstickten die Saat, und sie brachte keine Frucht.
Ein anderer Teil schließlich fiel auf guten Boden und brachte Frucht; die Saat ging auf und wuchs empor
und trug dreißigfach, ja sechzigfach und hundertfach.
Und Jesus sprach: Wer Ohren hat zum Hören, der höre!

Gottes Wort in unserem Leben

Jesus kommt und verkündet das „Wort vom Reich (Gottes)". Darum geht es ihm. Was ist es um dieses Reich? Wie kommt sein Wort? Eines können wir sagen: Es kommt nicht ohne ihn. Und auch dies ist wahr: Das WORT vom Reich Gottes wird uns zugerufen, und wir können es hören oder überhören.

Die Großmut und Geduld des Sämanns

Jesus nimmt uns mit aufs Feld. Da sehen wir zuerst die Großmut des Sämanns. Eine für uns altertümliche Sorglosigkeit, einfach das Saatgut auszuwerfen, nicht genau abgemessen, geprüft, nach Bodenqualität kontrolliert. Einiges fällt dahin, anderes dorthin. Klar, dass hier oder dort nichts aufgeht.

Damit sie Frucht bringt

Der Sämann sät, damit er Frucht bekommt, ernten kann. Dazu muss die Saat keimen, Wurzeln schlagen, wachsen. Was Gott tut, das ist ihm nicht egal.
So begegnet mir Jesus, das Wort, nicht zufällig, sondern damit ich ins Leben hinein wachse und Frucht bringe. Wie aber sieht es damit aus?

Der unterschiedliche Acker

Da gibt es Steine, felsigen Boden, Erde von Härte durchsetzt. Es wird Erde dazwischen sein, so dass auch dort ausgesät wird.

Es gibt Verhärtungen in meinem Leben und durch mein Leben, wo jedes gute Wort umsonst ist. Das Leben hat mich hart gemacht, voll Misstrauen lasse ich nichts in die Tiefe, dass niemand bei mir Wurzeln schlage.
Zwar begeistere ich mich für einen Moment, doch es geht nicht unter die Haut. Es ist Schein, der die Prüfung und Hitze nicht aushält.
Es gibt Verhärtungen, die aus Verletzungen kommen, diese Rede: *„ja – aber"*. Mich nur nicht ganz einlassen, IHN nicht ganz einlassen.

Sind nicht auch Mitläufer so? Schnell fange ich Feuer; ja, man müsste mal etwas tun, doch bald merke ich, es wird lange gehen; das Werk braucht Zeit zum Reifen. Mir aber fehlt der tiefe Grund für die Geduld des Reifens.

Und dann die Dornen, die alles ersticken. Wie viele gute Vorsätze habe ich schon gehabt, doch der Alltag erstickt alles, der Alltag mit seinen Sorgen, seinen Aufgaben, seinen Verpflichtungen. Erstickt darunter vielleicht das kleine Pflänzchen „Exerzitien im Alltag"?

Erstickt das WORT vom Reich Gottes unter den Sorgen, dem Alltagsgestrüpp Das zarte Wort (denn es geht um Freiheit und Liebe) hat sich ja noch nicht durchgesetzt. Die Sorgen und Besorgungen nähren den Zweifel, fördern es, dass wir das Sichere, Handfeste suchen. Die Gabe Gottes begegnet uns so oft nur als Wort, das Zukunft eröffnet, nicht als Belohnung für Vollbrachtes.

Doch wir sollen hinschauen auf den guten Boden, auf ihn wartet der Herr. Der Boden, der bereit ist – *Gestik der offenen Hand* – und aufnimmt und bewahrt – *die andere Hand legt sich auf die erste und deckt etwas hütend zu* – und wachsen lässt.
Aufnehmen und bewahren, nicht: wissen und diskutieren. Bewahren, das ist Sache des Herzens; wie die tragenden Lebensbeziehungen, so reift auch die Gottesbegegnung im Herzen, im offenen Vertrauen wie im guten Boden.

Die Frucht ist für andere

Guter Boden – das ist keine Heils-technik, sondern Offenheit und Freiheit von Härten, Verletzungen, Verbitterung und vom sorgenvollen Egoismus, es ist das Warten in Geduld. Der gute Boden *lässt* wachsen und Frucht bringen.

Die „Frucht" ist nicht für sich selbst, sondern immer für andere. Wenn Christus in uns wächst, fließt sein Reichtum über. Statt Konsum wächst eine Sehnsucht von innen nach außen, nach Hingabe, „nach guten Werken".

Es ist gut, sich die Frage zu stellen: Will ich aus meiner Jesus-Begegnung Frucht bringen? Verändern mich die Exerzitien so, dass andere davon Frucht empfangen können?

– Stille –

Gebet

z. B. freies Gebet — Dabei nehmen Teilnehmer jeweils eine Ähre aus einem Ährenstrauß heraus, legen sie um die Mitte ab und sprechen Dank oder Bitte aus.

oder

Guter Vater, von dir kommt alles Gute.
Pflanze in unser Herz die Liebe zu deinem Namen ein.
Binde uns immer mehr an dich,
damit in uns wächst,
was gut und heilig ist.
Durch Christus, unsern Herrn. Amen.

(22. Sonntag im Jahreskreis)

Die Begleithefte werden ausgeteilt.

4. Woche

Vater unser im Himmel,

dein Wille geschehe,

wie im Himmel so auf Erden

Einführung in die vierte Woche

Versammlung im Kreis

- **Ein gelbes, rundes Tuch wird in die Mitte gelegt.
  Die Kerze wird entzündet.**

Lieder

Sich einfinden in Stille – Eutonische Übung

Wie viele Wege bin ich heute gegangen?
Jetzt bin ich hier eingetreten mit meinen Füßen.
Ich stelle meine Füße auf den Boden:
sie können ankommen – hier, in diesem Raum, auf diesem Boden ....
Ich lasse mich auch vom Stuhl tragen ....

Mein Atem geht aus – und ein ....

Gebet

Ich will da sein vor dir, mein Gott,
vor dir, unserem Vater.
Mein Atem soll ein Loblied sein auf dich,
den Heiligen.

Du hast uns Jesus Christus geschenkt.
Lass uns in seinem Namen versammelt sein
als Schwestern und Brüder.

Schenke uns das Vertrauen, dass du uns führst,
öffne uns, damit wir hören, was du uns sagen willst.

Dein Geist belebe uns,
damit wir es auch tun. Amen.

Lied — Sende deinen Geist aus

Gruppengespräche über den Weg mit Gott in der vergangenen Woche

Gestaltung

Salomo betete: Gib mir, Herr, ein hörendes Herz!

(1 Kön 3, 5-14)

Vorzubereiten sind:

- großes, gelbes, rundes Tuch
- große Tonschale
- Kerze

Wir versammeln uns mit der Schale

❍ **Das gelbe, runde Tuch liegt in der Mitte. Die Kerze ist wieder herausgenommen worden.**

Wir kommen aus den Gruppen, versammeln uns um die helle Mitte, die uns wieder einlädt, aufzubrechen dem Licht entgegen.
Das Anliegen in den Gruppengesprächen war es, in die Mitte einzutreten. Manchmal sind die Worte, die uns gesagt werden, auch dunkel. Darum braucht es Kraft und Geduld, hinzuschauen und zu warten: Was willst du mir, was uns in der Gruppe schenken, Gott?

So fragen wir auch jetzt und schauen miteinander zur Mitte, kehren mit langsamen Schritten dort ein, um Neues zu entdecken.

❍ **Eine große Tonschale (wenigstens 30 cm) wird in die Mitte getragen.**

Diese Schale kennen wir und kennen sie auch wieder nicht. Es ist eine Schale wie unsere kleine Schale zu Hause.

❍ **Jemand fährt einige Runden mit dem Finger auf dem Rand der Schale entlang.**

Sie ist rund.

❍ **Alle können diese Gestik versuchen. Ich stelle mir vor, in einer Hand die Schale zu tragen, mit einem Finger der anderen Hand fahre ich über ihren Rand.**
Ist mir meine kleine Schale noch vor Augen und „in der Hand"?

Noch mehr können wir von der Schale erfahren: Sie ist recht groß.

- **Die Schale wird auf den Schoß genommen und mit beiden Armen umschlossen.**
  Assoziationen werden angesprochen ....

- **Die Schale wird zurückgestellt.**

Alle können, ohne die Schale gehalten zu haben, dennoch mit den Armen eine Haltung einnehmen, als hielten sie die große Schale auf dem Schoß.

Was soll in diese große Schale hinein?
Oder kann ich sie einfach leer lassen?

Ich stelle meine Füße nochmals auf den Boden, habe Kontakt zum Boden wie eine Schale, die sicher steht.
Die Arme und Hände ruhen auf den Beinen. So bin ich da.

Wir hören

- **Die Schale wird angeschlagen. Wir hören ihren Klang .... Pause. (zweimal, dreimal)**

Hat der Klang in mir Raum? Ich kann dazu die Augen schließen und auf den Ton warten .... (Pause)

- **Der Ton wird nochmals angeschlagen.**

Wir hören aus dem Ersten Buch der Könige (3, 5-14)

In Gibeon erschien der Herr dem Salomo nachts im Traum und forderte ihn auf: Sprich eine Bitte aus, die ich dir gewähren soll. Salomo antwortete: Du hast deinem Knecht David, meinem Vater, große Huld erwiesen; denn er lebte vor dir in Treue, in Gerechtigkeit und mit aufrichtigem Herzen.... Du hast jetzt, Herr, mein Gott, deinen Knecht anstelle meines Vaters David zum König gemacht. Doch ich bin noch sehr jung und weiß nicht, wie ich mich als König verhalten soll. Dein Knecht steht aber mitten in deinem Volk, das du erwählst hast: einem großen Volk, das man wegen seiner Menge nicht zählen und schätzen kann. Verleih daher deinem Knecht ein hörendes Herz, damit er dein Volk zu regieren und das Gute vom Bösen zu unterscheiden versteht. Wer sonst könnte dieses mächtige Volk regieren? Es gefiel dem Herrn, dass Salomo diese Bitte aussprach.

Gottes Wort in meinem Leben

Der große König David war gestorben. Sein Sohn Salomo folgte ihm als König noch sehr jung und unerfahren. Das Reich Israel war groß.
Gott erscheint Salomo und stellt ihm eine Frage: Was soll ich dir gewähren? –

Gott fragt

Ich versuche in diese Begegnung einzutreten. Wenn Gott mich fragen würde: Was soll ich dir gewähren? Stell eine Bitte! Was würde ich antworten?

Hier fragt nicht irgend jemand, nein, jetzt fragt mich Gott. Da kann es nicht mehr nur um dies oder das gehen, um etwas unter dem Vielerlei des Alltags. Vor Gott geht es immer *‚ums Ganze"*, um die Mitte, um das Wesentliche, um das, worauf es ankommt, was Gott entspricht und vor ihm Bestand hat, es geht um mich selbst, einzigartig und ernst genommen.

Was also würde ich antworten? .... Wahrscheinlich brauchen wir alle lange Zeit, um eine so herausfordernde Frage zu hören, zu beantworten und die Möglichkeit ihrer Erfüllung zu ergreifen.

Inmitten eines großen Volkes stehen

Salomo antwortet: Ich stehe inmitten eines großen Volkes und weiß nicht, wie ich es regieren soll. Darum schenk deinem Knecht ein hörendes Herz, das das Gute vom Bösen unterscheiden kann.

Salomo steht inmitten eines großen Volkes. Wir stehen meist irgendwo abseits der großen Menge, wir sind keine Politiker; vielleicht aber hat jemand eine Klasse oder eine Abteilung unter sich oder steht inmitten der Familie.
Es ist nicht wenig, das uns umgibt und das wir regieren müssen: viele Ansprüche, Termine, Zerreißproben zwischen Interessen und Aufgaben. Wie soll ich das alles schaffen? Wo soll ich anfangen?

Bittet Salomo in dieser Überlastung um mehr Mitarbeiter, um einen guten Referenten oder Sachberater? Nein, er bittet um ein hörendes Herz.

Mich selbst beherrschen

Das große Volk, das uns und jeden einzelnen umgibt und das es zu lenken und zu regieren gilt, sind das nicht auch unsere Kräfte, Begabungen, Triebe und Begierden, Wünsche und Fähigkeiten? Es ist ja nicht von ungefähr, dass wir sagen: Ich muss mich „beherrschen". Ich habe in mancher Hinsicht mein Leben in der Hand, um zu handeln, es zu gestalten, es zu etwas zu bringen.

Ich kann die Verantwortung abgeben an das „man" oder zusehen, wie sie mir genommen wird. Erkenne ich vor Gott meine erste Sendung, dass ich dies als *mein Volk, mein Leben* in die Hand nehmen, dieses Viele, das ich bin, „zusammennehmen" soll, dieses Vielerlei, das mich oft aufreibt, zerstreut und unruhig macht, damit ich eins werde?

Gib mir ein hörendes Herz!

Salomo bittet: Gib mir ein hörendes Herz!
Er schaut in die Mitte. Was bringt alles zusammen? Was eint mein Leben?
Was ist der Ort, aus dem alle Herrschaft, jedes Lenken und Führen meines Lebens und der Umstände hervorkommt?
Ein hörendes Herz, das das Gute vom Bösen unterscheiden kann.

Dieses hörende Herz

- ist ein offenes Herz vor Gott,
- ein Herz, in das nicht alles hinein kann, noch darf, so offen es auch sein mag,
- es lebt nicht passiv, gleichgültig, sondern in aktiver Wachsamkeit,
- ausgerichtet und erwartend,
- bereit für das, was von Gott und den Menschen gesagt wird,
- das unterscheiden kann

Doch so vieles wird ihm gesagt, so vielerlei, so Gegensätzliches.
Das hörende Herz ist auf Gott ausgerichtet.
Wie vieles muss hinaus aus diesem Herzen, damit Gott reden kann?

Hören auf Gott, der allein unterscheidet

Gut und Böse zu unterscheiden ist Gottes Sache.
Im Paradies griff der Mensch nach der Frucht des Baumes: Wir wollen sein wie Gott, Gut und Böse „erkennen". Mit diesem Wort „erkennen" ist ausgesagt, Gut und Böse zu setzen, nicht nur zu wissen. Der Mensch will selbstherrlich den Unterschied *festsetzen:* Das ist gut, das ist böse! und nicht etwa *aufnehmen*, es sich von seinem Gott sagen lassen: Das ist gut, das ist böse.

Die Bitte Salomos ist wie das Gegenteil zur Paradiesesversuchung. Wenn ***du, Gott***, mir in die Mitte meines Herzens dein Gebot sagst, deinen heiligen Willen, was gut und böse ist, dann werde ich das „Volk" lenken können.
Im hörenden Herzen und durch es ist Gott in mir am Werk.

Gebet

Wenn wir also Gott bitten, wenn wir um das bitten, was Gott selbst uns ins Herz legen möchte, dann beginnt das Gebet bei uns.
Im Gebet legt Gott uns die Sehnsucht nach seinem Willen in unser Herz, in unseren Mund.

Gib mir, Herr, ein hörendes Herz,
das Gut und Böse zu unterscheiden weiß.

So geschehe dein Wille.

5. Woche

Vater unser im Himmel,

unser tägliches Brot gib uns heute

Einführung in die fünfte Woche

Lieder

Sich einfinden und in die Stille finden

- **Große, gelbe, runde Decke liegt in der Mitte.**
- **Die Klangschale wird in die Mitte gestellt.**
- **Wir sitzen im Kreis, kommen an.**
  – Eutonie
- **Die Klangschale wird wieder angeschlagen,**
  wir hören den Ton der Schale, horchen ihm nach.
- **Wiederholung. Mit geschlossenen Augen erwarten, nachhorchen.**

Was klingt in mir von der vergangenen Woche?
– Stille aufkommen lassen, warten! –

Gebet

Vater unser im Himmel,
wir kommen nach einer Woche wieder zusammen.
Wie viele Wege sind wir gegangen,
wie viele Aufgaben waren zu tun?
In allem sollte dein Wille geschehen.

Vater, gib uns deinen Geist,
dass wir miteinander hören und reden können.
Lass uns hören, was du willst.

Gruppengespräche über den Weg mit Gott in der vergangenen Woche

Unser tägliches Brot gib uns heute

Vorzubereiten sind

- große, runde, gelbe Decke
- runde Tischdecke
- eine Scheibe Brot in ein schönes Tuch eingeschlagen
- bunte, runde Deckchen (ca. 20 cm ø)
- Kerze

Wir versammeln uns

- **Große, runde Tischdecke wird entfaltet: ein Tisch, an dem wir sitzen.**
- **Wir schließen langsam den Kreis von Hand zu Hand.**

Was bedeutet es, wenn wir am Tisch sitzen und so den Kreis schließen? Guten Appetit, oder noch mehr?

Es ist nicht selbstverständlich, dass eine Familie *sich zu Tisch setzt,* setzen kann.
So liegt in dieser Geste eine große Kraft: Gemeinschaft, Einmütigkeit, ein Ja zu dem, der mit uns da ist, ein Lebenswunsch, handgreifliche Freude, dass wir zusammen da sind. Eine Zusage: du sollst mit mir leben.

- **4 braune Tücher (halbe Breite) werden als gerade Wege von vier Himmelsrichtungen, also in Kreuzform angelegt.**

Es ist weder selbstverständlich noch leicht, dass wir uns so einfinden. Jeder muss sich Zeit nehmen, und das zur selben Zeit. Wir müssen uns auf den Weg machen, aufbrechen von irgendwoher nach Hause zu diesem einen Tisch.

Wir haben wohl alle eine Sehnsucht, dass wir immer wieder den Weg an den *einen* Tisch mit guten Menschen finden.

Wir schauen BROT an

- **Eine Scheibe Brot wird in der Mitte der Decke aus einem Tuch aufgedeckt.**

- **Sie kann wie eine kostbare Gabe still im Kreis getragen werden.**

Wir sehen etwas. Vorstellungen, Gedanken werden wach .... Assoziationen aussprechen .... Diesen Eindruck festhalten, dass die eine Scheibe Brot durch den Umgang mit ihr kostbar erscheint.

- **Die Scheibe Brot wird auf den Boden gelegt. Ein anderer Eindruck! .... Sie wird auf das Tuch zurückgelegt.**

Der Reichtum des Brotes

Wir können vom Brot reden, von dem, was darin ist und sich damit verbindet, indem wir kleine, farbige Deckchen um den Tisch legen und sagen, woran wir denken.

- **Runde, farbige Deckchen werden auf die Decke am Rand abgelegt, z. B. Ich denke an die Sonne, die das Korn reifen lässt.**

Was ist geworden? Was haben wir ausgedrückt? ....

Unsere Tischgemeinschaft, ein festlicher Tisch,
die Völker der Erde,
Himmel und Erde sind in dem Brot vereint,
die Frucht der Erde und der menschlichen Arbeit,
Mühe, Geduld, geschenktes Wachstum und der Segen,
Hunger und Sattsein, ...
Tod und Leben.
Alles dreht sich ums Brot.

Empfangen und geben

- **Das Brot wird im Kreis getragen und jemand gegeben.**

Das sollte mehrmals geschehen (es müssen nicht alle tun), damit die Erfahrung wach werden kann: warten, leere Hände, empfangen, geben, Kostbares tragen.

- **Alle öffnen ihre Hände, um das Brot zu erwarten.**

- **Abschließend trägt es eine Person nochmals im Kreis und legt es dann wieder in die Mitte zurück.**

Jetzt können wir unsere Hände wieder schließen. Einige sind leer ausgegangen, das Brot wurde an uns, an ihnen vorbeigetragen.

Wir schauen unsre Hände: sie sind jetzt leer, sie waren bei einigen gefüllt, sie waren leer und warteten, wurden gefüllt und gaben weiter.

Unsre Hände erzählen von unserem Leben: leer sein und empfangen, geben und mitteilen, haben und brauchen, ...
Leer und erfüllt, und das im Wechsel, im Auf und Ab, so scheint unser Leben zu sein.

Wir schauen unser Leben im Licht des Evangeliums

❍ **Kerze entzünden**

Menschen sind mit Jesus unterwegs. Er hatte sie gerufen, ihm zu folgen. Sie hatten alles zurückgelassen. Nun folgen sie ihm mit leeren Händen. Er ist ihre Erfüllung. Was brauchen sie anderes?
Sie gehen mit ihm, nehmen teil an seinem Leben, an seinen Wegen durch das Land, an den Streitgesprächen und den Heilungen, an seiner Einsamkeit, an den Mählern mit den Reichen und dem gemeinsamen Essen mit den Zöllnern.

Nur an einem nehmen sie offenbar nicht teil, an dem, was geschieht, wenn Jesus in die Stille geht und betet. Manchmal geht er früh aus dem Dorf in die Einsamkeit, manchmal bleibt er eine ganze Nacht auf dem Berg und betet. Was tut er? Er tut etwas, was er nur selbst öffnen und mitteilen kann, seine Beziehung zu Gott, dem Vater.
Doch wie drängt es die Jünger, gerade an dem teilzunehmen, was der Meister im Herzen trägt. Das muss das Wichtigste und Bewegendste sein.

Einmal sagen seine Jünger zu ihm: Herr, lehre uns beten!

Da lehrt er sie beten, wie man es wohl nur mit leeren Händen richtig tun kann.

❍ **Wir öffnen unsere Hände wie eine Schale – wie eine leere Schale.**

Er sagt: So sollt ihr beten:
Vater unser im Himmel, unser tägliches Brot gib uns heute.

Wenn Jesus uns so zu beten lehrt, frage ich mich:

- Worum bitte ich in der Bedürftigkeit meines Lebens?
- Kann ich so beten?
- Oder sind meine Hände immer voll? Bin ich randvoll?
- Strecke ich sie Gott leer und bereit entgegen?
- Oder nehme ich mir meinen Teil selbst?

Ein Blick auch auf die Eucharistie

Jesus geht über unsere Erde und isst mit den Menschen

Er kommt und hat Tischgemeinschaft mit ihnen, Lebensgemeinschaft. Viele Menschen haben Hunger nach dieser Gemeinschaft mit ihm.

Aber auch Jesus ist gekommen, weil er Hunger nach der *Gemeinschaft mit uns* hat, z. B. „Heute noch muss (!!) ich bei dir zu Gast sein." Oder: „Ich bin gekommen, um (!!) die Sünder zu suchen."

Beim letzten Abendmahl vollendet er diese Sehnsucht:
„Mit Sehnsucht habe ich danach *verlangt*, dieses Mahl mit euch zu halten, ehe ich sterbe."

Er will mit seinen Jüngern, mit uns, *eins sein*. Die Lebensgemeinschaft mit ihm soll vollendet werden. Er will sich im Brot geben, damit er *in uns bleibt* und wir in ihm bleiben.

Um diese Einheit uns zu schenken, nimmt er das Brot,
das in sich Einheit bezeichnen kann, das die Frucht der Erde und der menschlichen Arbeit ist,
das zugleich das Alltägliche, weil nur Brot,
und das Besondere ist, weil ungesäuertes Brot des Pascha, des Vorübergangs Gottes, der Rettung und des Bundes.

Dieses Brot nimmt er und bricht es, weil er sich selbst verteilen will.
Und er wandelt es in seinen Leib, um sich zu geben, um sich zu verschenken – durch alle Zeit und für jeden.

Wir sehen das Kreuz eingezeichnet über unseren Tisch. Niemand kann wirklich an einem Tisch mit anderen sitzen, wenn er das Kreuz nicht kennt: den Verzicht, das Brechen des Brotes, damit es nicht ein *Abspeisen* ist, sondern ein Teilen und Sich-mit-teilen.

Wenn Jesus sich in der Eucharistie, im Brechen des Brotes, selbst opfert, weggibt und hingibt für uns, dann wirft das auch ein neues Licht auf unser Essen am Tisch zu Hause. Von der Vollendung der Hingabe her wird unser alltägliches Essen eine neue Tiefe bekommen, das Segensgebet lässt den Herrn ein, damit wir recht teilen, unser Leben teilen. Das Alltägliche wird kostbar im Herrn.

Gebet, gemeinsam

Vater unser

6. Woche

Vater unser im Himmel,

vergib uns unsere Schuld,

wie auch wir vergeben unsern Schuldigern

Einführung in die sechste Woche

Lieder

Sich einfinden und in die Stille finden – Eutonie

- **Im Kreis ist die große, runde Tischdecke ausgebreitet,**
  darauf steht eine leere Schale,
  die Kerze brennt.

Die Gestaltung und Sprache der Schale in unserer Mitte können wir zu Beginn unserer Begegnung aufnehmen.
Die Schale steht still auf dem Boden.

So versuchen wir, den Kontakt zum Boden zu finden. Ich denke noch an den Weg, an das Haus, das ich verlassen habe .... Wen habe ich hier zuerst gesehen und begrüßt? ....
Jetzt habe ich meinen Platz. Ich weiß um meine Füße, ... sie spüren den Boden .... Der Stuhl trägt mich .... Von den Füßen her bin ich aufgerichtet.

Die Hände kann ich in den Schoß legen wie eine Schale.
Die Handrücken spüren die Kleidung .... Alle Spannung lasse ich los in die Beine, hinunter zu den Füßen, in den Boden ....

Wir schließen nacheinander den Kreis, indem wir die rechte Hand wie eine offene Schale nach rechts halten, der rechte Nachbar legt seine linke Hand wie eine offene Schale in unsere Hand. Unsere Hände sind miteinander offen.

Gebet

Vater unser, in deinem Namen sind wir versammelt.
Unsere Hände sind offen.
Wir bereiten uns, um zu hören,
was du uns sagen willst.
Fülle uns mit deinem Geist,
dass wir aufeinander hören
und von dir reden.
Du gibst uns ja, was wir zum Leben brauchen.
Dank sei dir. Amen.

Gruppengespräche über den Weg mit Gott in der vergangenen Woche

Der gute Hirt: Ich bin gekommen, um das Verlorene zu suchen

Vorzubereiten sind:

- Tücher: 4 grüne, 2 blaue (nach Größe der Gruppe), 2 braune, 1 schwarzes
- Schaf (z. B. gestrickt, ..., Krippenfigur)
- Hirtenfigur
- Gong oder Klangschale
- Kerze

Wir versammeln uns in einer Landschaft

- **Die grünen Tücher werden zu einer Fläche ausgebreitet.**

Wir gehen auf eine Wiese. Wo mag sie sein? Irgendwo vor der Stadt. Wie hoch steht das Gras? Ich gehe auf die Wiese, ich gehe ins Grüne, aus dem grauen Alltag in die Freiheit .... (Ein Weg in die Verinnerung.)

- **Die blauen Tücher: ein Bach fließt durch die Wiese.**

Der Bach fließt still, hier und dort hört man das Wasser plätschern oder murmeln. Die Sonnenstrahlen können auf dem Wasser tanzen und glitzern. Das Wasser fließt von irgendwoher und weiter und hält nicht still.

- **Zwei Berge werden an einer Seite der Landschaft aufgestellt.**

Wenn wir über das weite Land schauen, entdecken wir am Horizont die Berge. Und von den Bergen kann man ins weite Land hinunter schauen. Zwischen den Bergen und Höhen geht es tief und eng hinab.

- **Das schwarze Tuch wird zwischen die Berge gelegt.**

Wir schauen in die Schlucht hinunter, dunkel, schwarz, die Sonne leuchtet nur selten hinein.

Hirte sein

- **Ein Schaf wird auf die Wiese gestellt.**

Ein Schaf auf der Wiese. Es kann unsere Gedanken mitnehmen und träumen lassen. Wo habe ich zum letzten Mal eine Schafherde gesehen? Wenn wir in der Landschaft eine Schafherde sehen, sind die Kinder ganz erfüllt und sogar Autofahrer fahren langsamer, um sie zu sehen. Ist es die Romantik, das Geruhsame und scheinbar Sorglose, die Naturverbundenheit gegen alle kühle Technik? Oder träume ich vom Schaf, weil es einen Hirten hat? Behütet zu sein, welch tiefe Sehnsucht!

- **Der Hirte wird zum Schaf gestellt.**

Bei den Schafen ist ein Hirte. Er hütet die Schafe. – Was kann er von sich sagen?

- **Der Hirte wird in die Hand genommen.**

(Die folgenden Äußerungen müssen bisweilen geführt, angeregt werden, sie können auch spontan kommen.).
Der Hirte kann zu uns sagen: Ich gehe mit meinen Schafen. – Ich gehe ihnen langsam voraus. – Ich kenne meine Schafe. – Ich suche die Weideplätze. – Ich treibe sie nachts zusammen. – Ich sorge mich um sie. – Ich rufe sie zusammen. – Sie hören auf mich ....

Auf wen höre ich?

- **Die Klangschale wird zur Mitte gestellt und angeschlagen.**

Der Ton wird nochmals angeschlagen. Wenn der Ton verklungen ist, können wir die Augen zufallen lassen ....

Wir horchen in die Stille, nach innen: Welches Wort des Hirten höre ich noch?
Oder warte ich auf ein gutes Wort? .... *Augen wieder öffnen.*

Zum dritten Mal wird der Ton angeschlagen ....
Wir horchen in die Stille. Im Alltag gibt es viele Stimmen. Auf wen höre ich? Welche Worte und wessen Worte sind mir ganz wichtig? .... – *Augen öffnen.*

Auf wen höre ich? Welche Stimmen lassen mich gehen und handeln? Wie oft müssen Eltern nach den Kindern springen, wenn sie rufen?

Welche Kraft haben Worte? Bedenken wir, womit der Ehe*bund* beginnt. Er beginnt nicht mit der Geschlechtlichkeit, das könnte auch Ehebruch sein, sondern mit einem Wort. Wenn Frau und Mann einander das Jawort sagen und es voneinander *hören*, dann *gehören* sie einander.

Worauf ich höre, dem gehöre ich; das kann mich in *An-spruch* nehmen, sodass ich darauf *antworte*; es kann mich beherrschen, sodass ich ihm *hörig* bin; es kann mich ins Leben rufen, wie das *Du*, woran ich mich festhalten kann und darum lebe.

Verloren sein

○ **Das Schaf wird schweigend in die dunkle Schlucht gestellt.**

Was geschieht? ....
Ich will nicht hören! Ich will nicht mehr hören! Ich habe lange genug getan, was ihr wolltet, jetzt will ich selbst bestimmen, ... Kennen wir solche Rede nicht aus unserer Erziehung, Elternschaft oder Kinderzeit? Es kann sehr schmerzlich sein, wenn das eigene Wort nichts mehr gilt, nicht gehört wird. Wir scheinen die Kinder zu verlieren. Manchmal beginnt auch eine lange Zeit der Vorwürfe. Was habe ich falsch gemacht? Wo haben wir einander wehgetan? Die Gemeinschaft ist zerbrochen.

Weltweit ist Streit und Krieg, Trennung, Verfolgung, Ausbeutung. Im Kleinen sagen wir vielleicht nur: Das gehört sich nicht! Weil niemand auf den anderen hört, gehört jeder nur sich selbst. Und das führt zum Tod.

In solchen Situationen wird es still um uns, Einsamkeit kann aufkommen, die Frage sich melden: Wem gehöre ich? Wer sorgt sich um mich? Wie finde ich zum richtigen Leben?

Ich bin gekommen, das Verlorene zu suchen (Lk 15, 1-7)

○ **Die Kerze wird entzündet und zum Hirten gestellt.**

Wenn Jesus durch das Land zieht, auf dem Marktplatz steht oder in die Synagoge geht, strömen die Menschen zu ihm. Um ihn versammeln sich auch die Zöllner und Sünder. Sie alle suchen bei ihm das Leben, neues Leben. Jesus isst sogar mit diesen.

Das empört die Pharisäer und die Schriftgelehrten. Wie kann er sich nur mit Sündern abgeben? Unmöglich, was er tut! Das entspricht nicht Gott und seinen Geboten!

Da fragt Jesus sie: Wisst ihr, wie Gott ist? Und er erzählt ihnen ein Gleichnis:

Wenn einer von euch hundert Schafe hat und eines davon verliert, lässt er dann nicht die neunundneunzig in der Steppe zurück und geht dem verlorenen nach, bis er es findet?

- **Die Hirtenfigur wird still zum Schaf in der Schlucht gestellt.**

Und wenn er es gefunden hat, nimmt er es voll Freude auf die Schultern, und wenn er nach Hause kommt, ruft er seine Freunde und Nachbarn zusammen und sagt zu ihnen: Freut euch mit mir; ich habe mein Schaf wiedergefunden, das verloren war. Ich sage euch: Ebenso wird auch im Himmel mehr Freude herrschen über einen einzigen Sünder, der umkehrt, als über neunundneunzig Gerechte, die es nicht nötig haben umzukehren.

– Stille –

Versteht ihr, wie Gott ist?

- **Die Kerze wird zum Hirten und dem Schaf gestellt.**

Für mein Leben

- **Die Klangschale wird noch einmal angeschlagen. Der Ton verklingt.**

Auf wen höre ich?

Auf wen höre ich? Wem gehöre ich?
Ich gehöre – seit der Taufe – Gott, dem Vater, meinem und unserem Vater. Weil ich ihm gehöre, jeder Atemzug ihm gehört, ihm, der mich geschaffen hat, der mir Leben gibt und es trägt, darum kann er mich auch wahrhaft *verlieren!* Und deswegen trauert er um mich, es macht ihn unruhig, das bringt ihn auf den Weg – mich zu suchen.

Die Sünde

Ist in unserem Leben nicht ein ständiger Kampf: Soll ich hören? Und auf wen? Ich höre lieber auf mich selbst. „Ich will sein wie Gott", mir selbst sagen, wo mein Weg geht, was ich tun soll.
Das ist die Sünde: dieser Abstand von Gott, nicht etwa aus Unkenntnis und Dummheit, sondern im stillen oder lauten Widerspruch, in einer oft verborgenen Selbst-herrlichkeit, in der Ablösung von Gott, meinem Schöpfer und Vater.

Doch ich bin nicht Gott. Diese erste Wahrheit hatten wir angeschaut, bedacht und durchbetet. Ich bin Eigentum Gottes, gerufen zu einem Leben mit ihm. Ich muss seine Stimme hören, damit ich den Weg zu ihm finde, dem ich gehöre.

Das Maß der Vergebung

Wenn ich bete: Vergib uns unsere Schuld, renne ich bei Gott offene Türen ein, denn er will mir doch vergeben, er sucht mich. Aber ist die Bedingung wahr: „wie auch wir vergeben unsern Schuldigern"?
Oder tragen wir nach?
Können wir uns über die wiedergefundene Einheit, die Versöhnung freuen?
Wollen wir lieber etwas gegen den Anderen in der Hand haben, einen Trumpf, den wir gegen ihn ausspielen, damit wir ihn klein halten können?

Wie ist dein Gott?

Jesus fragt uns: Weißt du, wie Gott ist? Dein Gott – als dessen Abbild du geschaffen bist? Er sucht das Verlorene. Lass dich von ihm finden!
Und weil er dich sucht, suche auch du deinen Nächsten und hab Erbarmen mit ihm.

Gebet

Vater unser,
du kennst uns.
Oft sind wir wie Kinder, die weglaufen,
und wie Schafe, die sich verirren.
Doch bei dir allein ist das Leben,
denn wir gehören dir.
Lass uns deine Stimme hören.
die uns ins Leben ruft,
zur Umkehr und zu einem neuen Anfang.
Dank sei dir für deine Liebe,
Dank sei dir, dass du uns nachgehst
und uns nicht aus deinem Herzen lässt.
Amen.

7. Woche

Vater unser im Himmel,

und führe uns nicht in Versuchung,

sondern erlöse uns von dem Bösen

Einführung in die siebte Woche

Lieder

Sich einfinden und in die Stille finden

- **In der Mitte liegt auf einem dunkelroten oder violetten Tuch ein großes Kreuz.**

Wir sind wieder zusammengekommen. Wir suchen unseren Platz, die Füße den Boden .... von unten her bin ich aufgerichtet .... der Rücken Wirbel um Wirbel, an der Stuhllehne entlang .... zum Hinterhaupt .... und zum Scheitel .... Die Hände können ausruhen ....

Wie bin ich da? Wie komme ich aus der vergangenen Woche?
Was bringe ich jetzt mit? Trage ich Last mit mir?

- **Die Kerze wird entzündet.**

Wir stellen das Licht zum Kreuz, dass dieses Kreuz unseres Herrn uns aufleuchte, dieses Ärgernis der Sünde und die Torheit der Liebe. An seinem Kreuz hat der Herr unseren Schuldbrief zerrissen.

Kommt zu mir, die ihr euch plagt und unter Lasten stöhnt.
Ich werde euch Ruhe verschaffen.

Konnten wir auf dem Weg der Woche spüren, was Vergebung fordert? Kraft, Selbstverleugnung, Verzicht, Liebe. So wird das Kreuz in unser Leben eingezeichnet. Werden Wunden bleiben? Wie wird der Herr uns heilen?

Wenn Gott uns so geliebt hat,
müssen auch wir einander lieben.

So kommen wir heute ins Gespräch über uns und Gott.

Gebet

Vater unser, unsere Sünde, das, was auf uns lastet,
macht uns unfrei und fesselt uns.
Angst und Misstrauen versperren uns die Wege zueinander.
Mach du uns frei
und führe uns durch deinen Heiligen Geist,
damit wir deine Vergebung und dein Erbarmen preisen. Amen.

Gruppengespräche über den Weg mit Gott in der vergangenen Woche

Ist der Herr in unserer Mitte oder nicht?

Vorzubereiten sind:

- Tücher: 4 ockerfarbene, 2 blaue
- ein großer Stein
- ein größeres Kreuz

Wir versammeln uns

❍ **4 ockerfarbene Tücher werden in der Mitte ausgebreitet und rund geformt.**

Die helle Farbe kann uns an Erde und an Sand erinnern.

Erfahrungen der Wüste

Wir stellen unsere Füße auf den Boden, nehmen Kontakt zur Erde auf ....

Ich gehe mit meinen Füßen über Straßen, Asphalt, über Steine und Gras, über die Erde, feuchten Boden und trockenen Sand ....
Unter den vielen Wegen versuchen wir einen trockenen Weg zu wählen, er führt durch dürres Gras, über staubigen Boden, durch Sand ....

Ich lasse die Augen zufallen: Ich weiß um Wüsten und heißen Sand, die Weite, Hitze, Dürre, Hunger und Durst ....

Wüste heißt Einsamkeit, meine Fußspur wird vom Wind verweht.
Niemand fragt nach mir. Wohin soll ich in der weiten Wüste gehen?

In der Wüste kann ich nicht leben.
Wo ist die Wüste? Wie nahe ist sie mir? Kenne ich sie aus meinem Leben?
Unerträgliche Einsamkeit? Niemand fragt nach mir?
Durst? Hunger? Unbändigen Hunger nach Leben? .... (Augen öffnen)

❍ **Ein großer Stein wird in die Wüste gelegt, aber nicht in die Mitte!**

Wüste ist hart, unerbittlich, sie ist der Ort der Versuchung und Bewährung.
Wie oft wird Israel in die Wüste geführt? Es ist der Weg in das Wesentliche, ins Einfache, in die Klarheit der Gottesbeziehung.

Worauf kommt es an?
Wenn alles andere schwindet, frage ich dann nach Gott, dem Einen?

Wir hören Gottes Wort, Ex 17, 1-7

Die ganze Gemeinde der Israeliten zog von der Wüste Sin weiter. In Refidim schlugen sie ihr Lager auf. Weil das Volk kein Wasser zu trinken hatte, geriet es mit Mose in Streit und sagte: Gebt uns Wasser zu trinken! Mose aber antwortete: Was streitet ihr mit mir? Warum stellt ihr den Herrn auf die Probe? Das Volk dürstete dort nach Wasser und murrte gegen Mose. Sie sagten: Warum hast du uns überhaupt aus Ägypten hierher geführt? Um uns, unsere Söhne und unser Vieh verdursten zu lassen?

Mose schrie zum Herrn: Was soll ich mit diesem Volk anfangen? Es fehlt nur wenig, und sie steinigen mich.

Der Herr antwortete Mose: Geh am Volk vorbei, und nimm einige von den Ältesten Israels mit; nimm auch den Stab in die Hand, mit dem du auf den Nil geschlagen hast, und geh! Dort drüben auf dem Felsen am Horeb werde ich vor dir stehen. Dann schlag an den Felsen! Es wird Wasser herauskommen, und das Volk kann trinken. Das tat Mose vor den Augen der Ältesten Israels. Den Ort nannte er Massa und Meriba (Probe und Streit), weil die Israeliten Streit begonnen hatten und den Herrn auf die Probe gestellt hatten, indem sie sagten: Ist der Herr in unserer Mitte oder nicht?

Gottes Wort in unserem Leben

Mit dem Volk Israel frage ich: Warum?

Das Volk Israel schleppt sich durch die Wüste auf dem Weg ins Gelobte Land.
Trockenheit, Durst, unendlicher Durst, Lebensbedrohung.
Warum das? Warum hast du uns überhaupt hierher geführt? Damit wir hier sterben? Dieses bohrende, alles in Frage stellende Warum kennen wir doch auch oder haben es von anderen gehört .... und waren sprachlos.

Alltäglich klingt die Frage zwar nicht so gewaltig, aber sie begleitet uns ständig: Wir wollen Erfolge sehen und mühen uns oft nur ab. Warum? Wohin führt das? Hat das einen Sinn, überhaupt noch Sinn? Muss das sein?

Vielleicht kennen wir diese Frage gleichsam im Kleinformat, wenn die Exerzitien oder das Gebet trocken sind. Keine Erfahrung, nichts schmeckt, die Betrachtung ist dürr. Warum ist das bei mir? Bin ich überhaupt auf dem Weg zu Gott?

Wenn Leid über uns kommt, bohrt die Frage: Warum?

Die tiefste Versuchung

Die tiefste Versuchung auf dem Lebensweg bricht auf, wenn alle Lebenskräfte bedroht sind. Sie wird uns hier „in der Wüste" offenbart: *Ist Gott in unserer Mitte oder nicht?* Die Erprobung Gottes. Gott hat Böses mit uns im Sinn. Gott ist lebensbedrohend. Und ich will doch leben! Wo finde ich das Wasser des Lebens?

Der Weg des Glaubens ist keineswegs die Belohnung, die wir Gott für sein gutes, hilfreiches Verhalten uns gegenüber schenken. Glaube ist ein Weg ins Dunkel. Wird Gott mir nach langem Warten, nach Hader und Ringen das geben, was mir zum Leben hilft, was mich zu ihm, dem lebendigen Gott führt?

Gott gewährt dem dürstenden Volk das Wasser. Gott wendet sich vom hadernden, streitenden Volk nicht ab. Er gibt das alltägliche Wasser und zeigt, dass er in der Mitte ist. Und der Weg wird weitergehen – durch die Wüste.

- **Blaues Tuch wie ein fließendes Wasser vom Stein aus in die Wüste legen.**

Die Quelle des Lebens

Die Frage Israels: *Ist Gott in unserer Mitte oder nicht?*, ist auch unsere Frage. Sie bleibt es ein Leben lang.
Wo ist der Ort, wo das Wasser fließt? Wo ist der Felsen, an den ich schlagen kann? Wie kann ich an ihn schlagen? Ich habe Durst nach Leben.

Gottes Wort

- **Kerze entzünden**

Einmal steht Jesus unter den Menschen im Tempel und ruft laut:

Wer Durst hat, komme zu mir, und es trinke, wer an mich glaubt. Wie die Schrift sagt: Aus seinem Inneren werden Ströme lebendigen Wassers fließen. (Joh 7, 37-38)

Das erfüllt sich am Kreuz.

- **Ein größeres Kreuz wird zum Stein gelegt.**
  Das Wasser fließt aus der Seitenwunde Jesu.

Hier ist der Ort, aus dem das Wasser fließt,
aus dem Herzensbereich, aus der Mitte der Liebe.

Gottes Liebe verwandelt die Härte der Sünde

Eine eigenartige Umkehrung vollzieht sich.
Ist denn Christus etwa der harte Fels, an den wir schlagen könnten und müssten, dass er sich erweiche, für uns öffne?

Nein, es ist die *Härte unserer Sünde*, unser Nein, das ihn hinausstößt und die Seite durchstößt, um zu prüfen, ob er wirklich tot sei, ob alles ein Ende habe.

Und es wird offenbar, es hat kein Ende! Das Erbarmen Gottes ist noch nicht ausgeschöpft!

Es ist die unfassbare Umkehrung, dass gerade unsere Härte und Verbitterung, unsere Sünde das Herz Gottes öffnet und ER uns Ströme des Lebens schenkt.

Nicht von oben herab, nicht aus sicherer Herrlichkeit fließt die Quelle, sondern aus dem Abstieg Gottes, ganz von unten, *wohin die Liebe Christi hinabgestiegen* ist, vom Kreuz fließt uns das Leben zu.

Wenn wir denken möchten, Gott ist entschwunden und fern, nur noch Leid und Ende, dann zeigt er, dass er mitten unter uns und mit uns ist.

Ist Gott in unserer Mitte oder nicht?
Wird die Versuchung und Erprobung Gottes vielleicht noch größer, wenn wir die Nähe und Liebe Gottes am Kreuz, in der Erniedrigung sehen sollen – wir, die wir gern hoch hinaus wollen?

Gegen die Versuchung beten

Im Vaterunser lehrt uns Jesus beten und führt uns in die Begegnung mit Gott, seinem und unserem Vater. Ein solcher ernsthafter Gebetsweg, die Begegnung mit Gott, mit seiner Größe, seinem Willen und seiner Vergebung ruft plötzlich viele Versuchungen auf den Plan, sich von Gott abzuwenden, andere Götter, andere Ziele zu suchen, ja, sich selbst in die Mitte zu stellen und anzubeten.

In dieser Woche durchbeten wir die Bitten des Vaterunsers gegen die Versuchung. Gott stärke uns, dass wir bekennen können: *Ja, mein und unser Vater, du bist in unserer Mitte.*